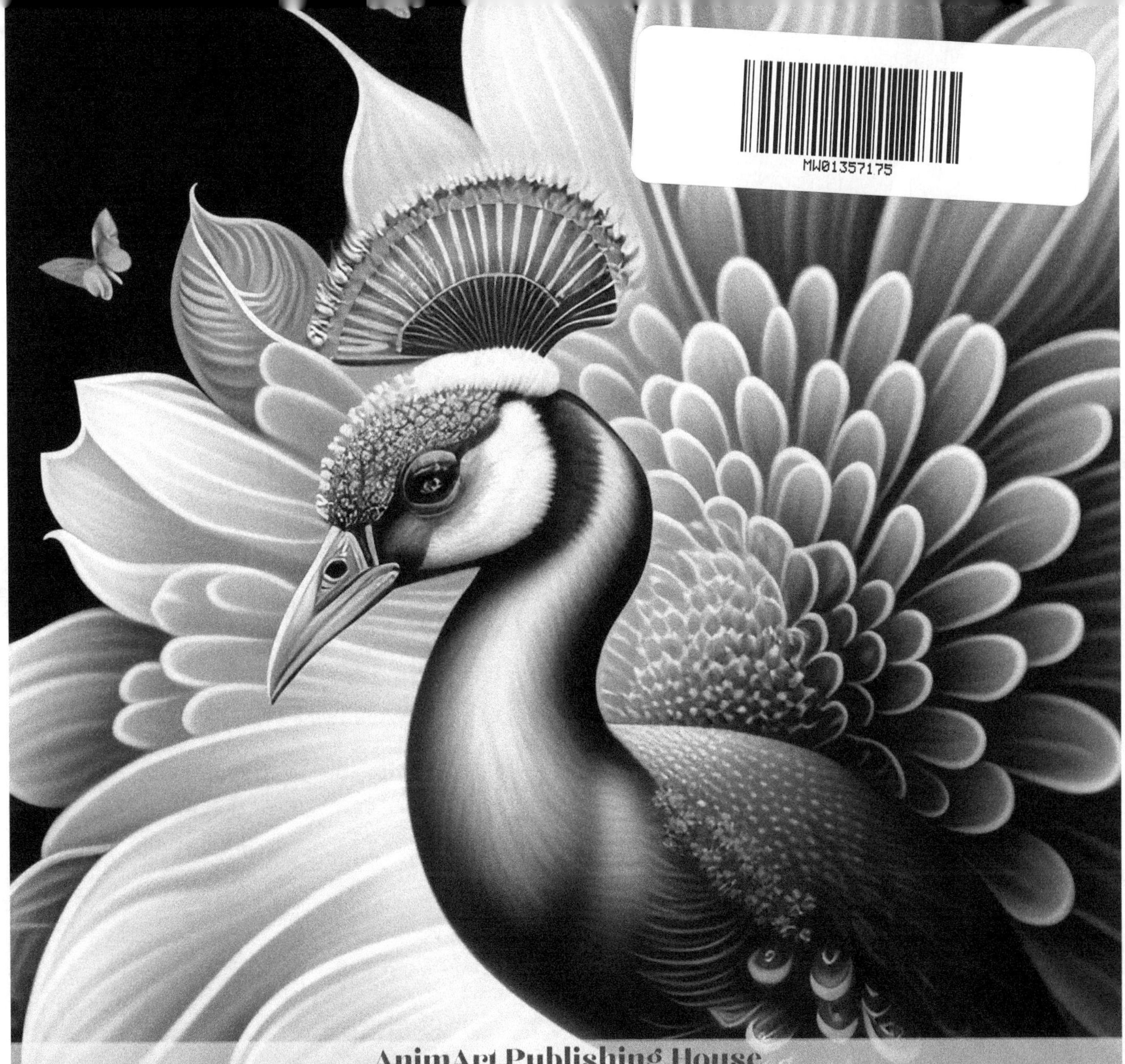

AnimArt Publishing House

I più incredibili mandala di uccelli

LIBRO DA COLORARE PER ADULTI

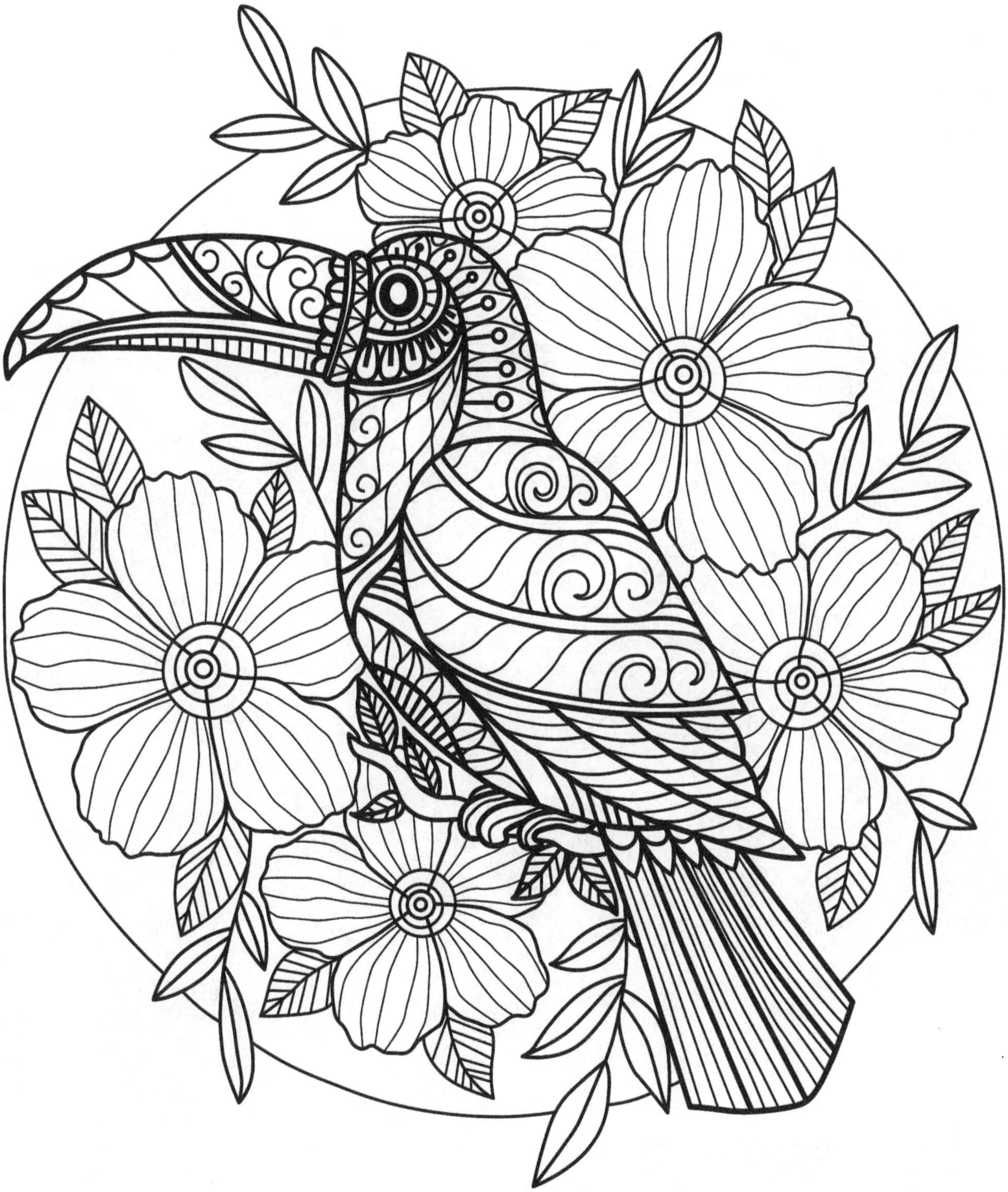

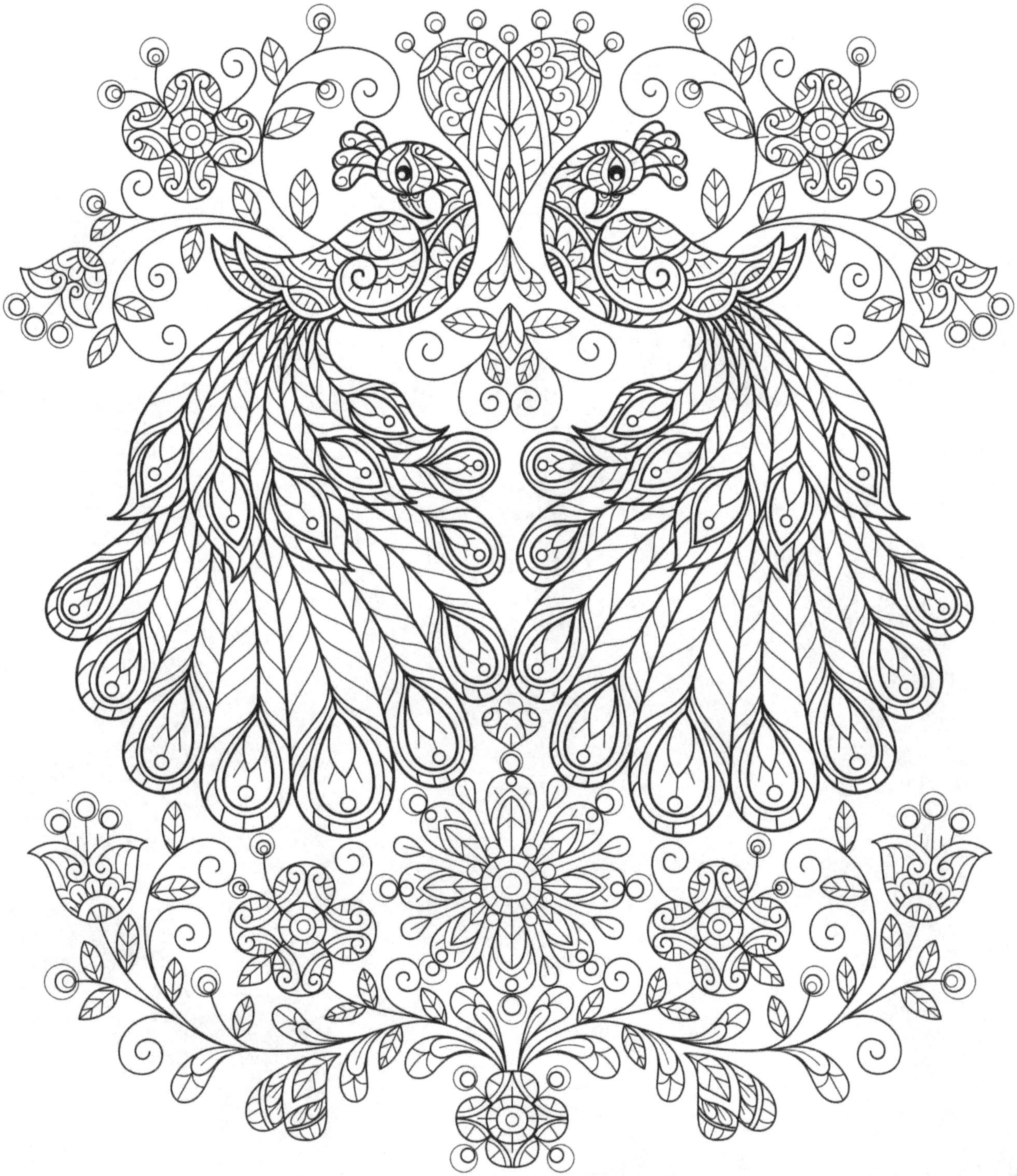

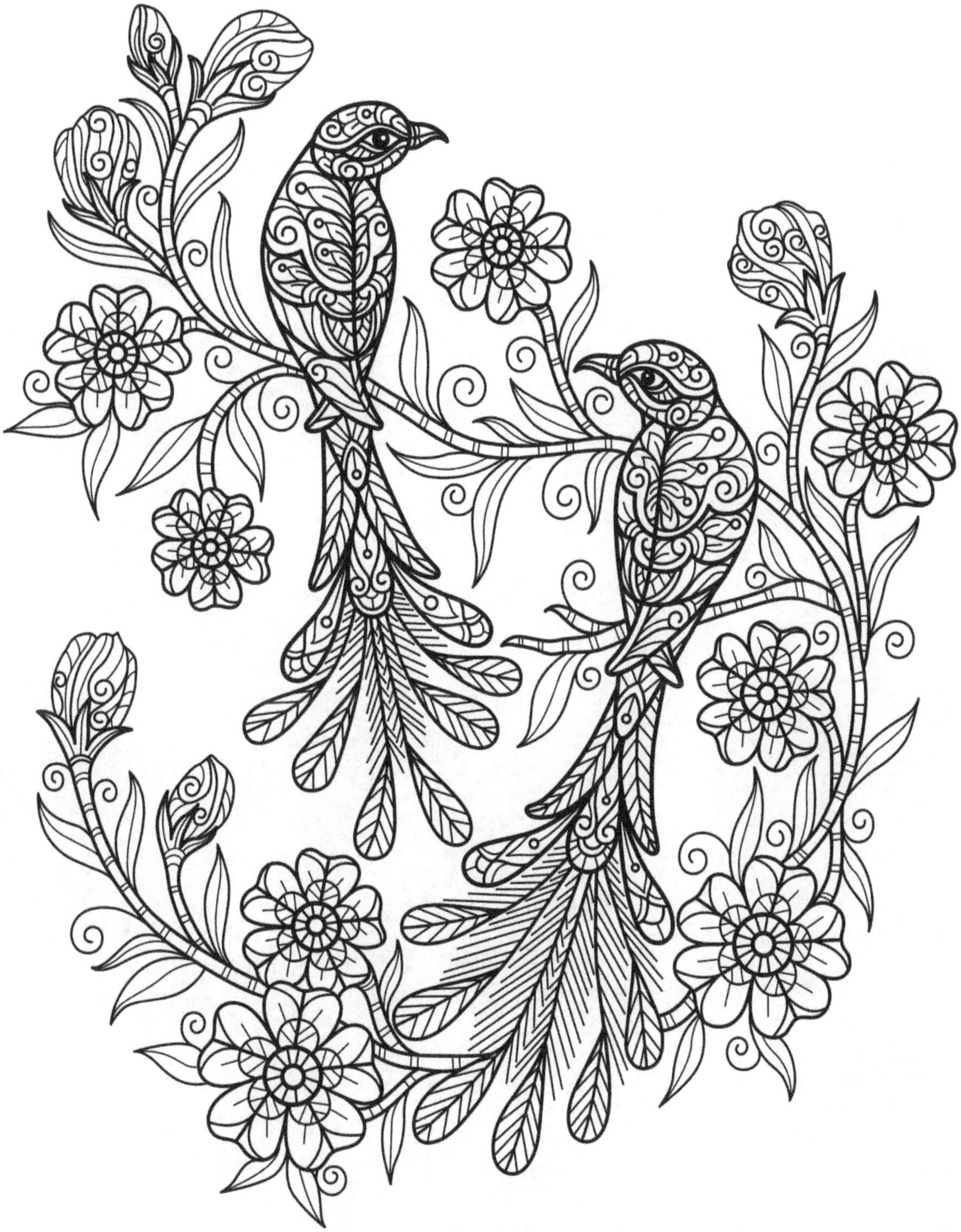

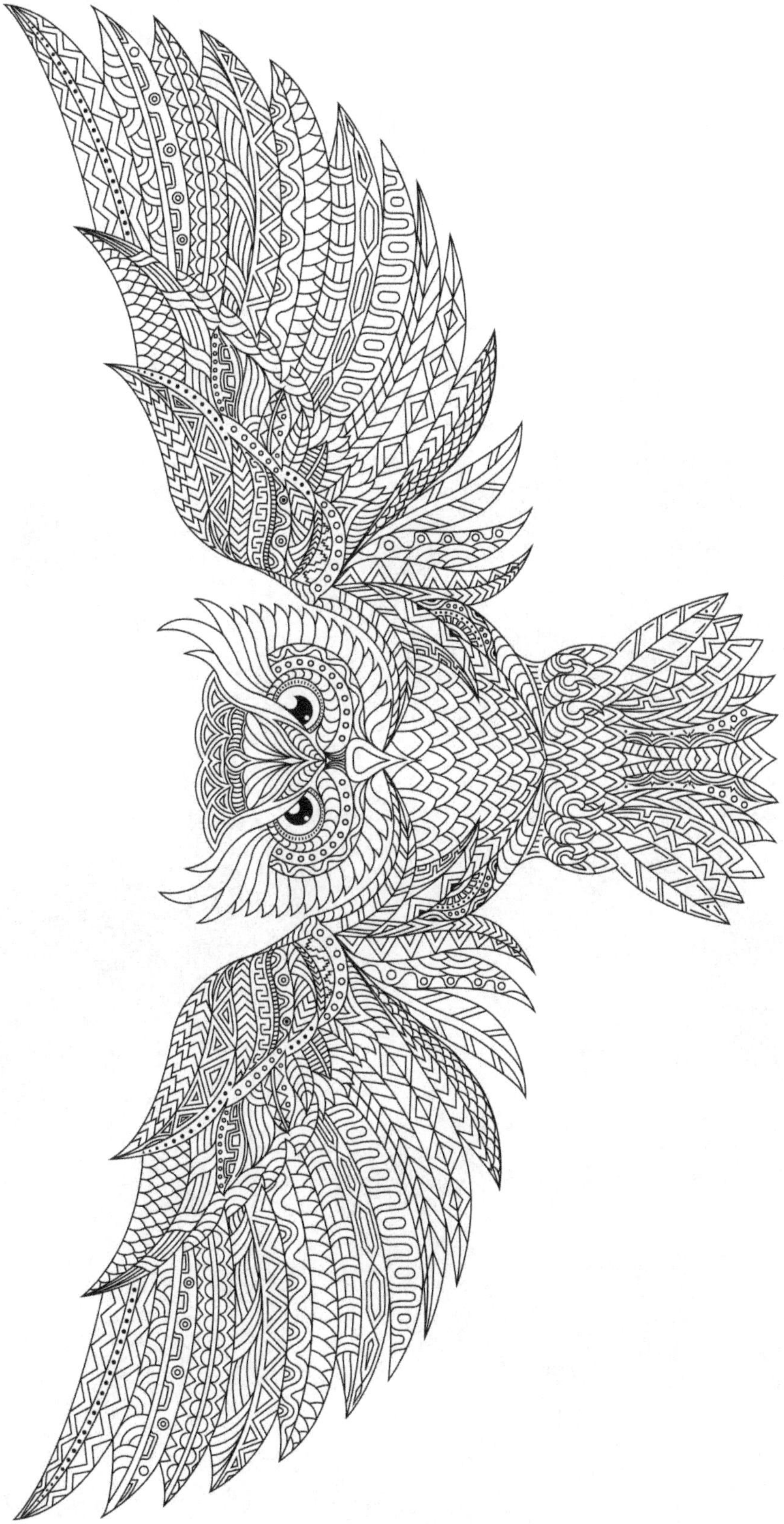

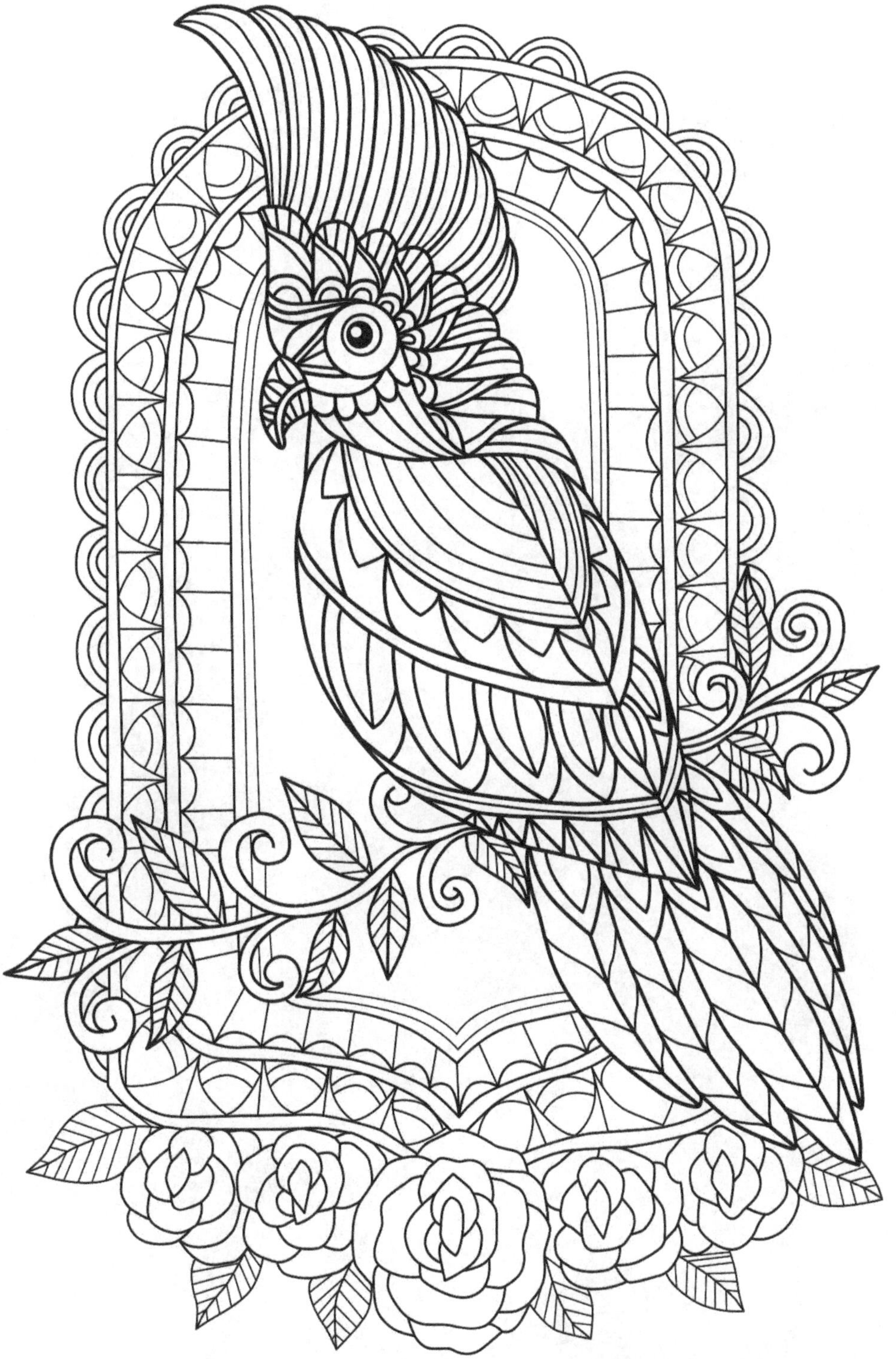

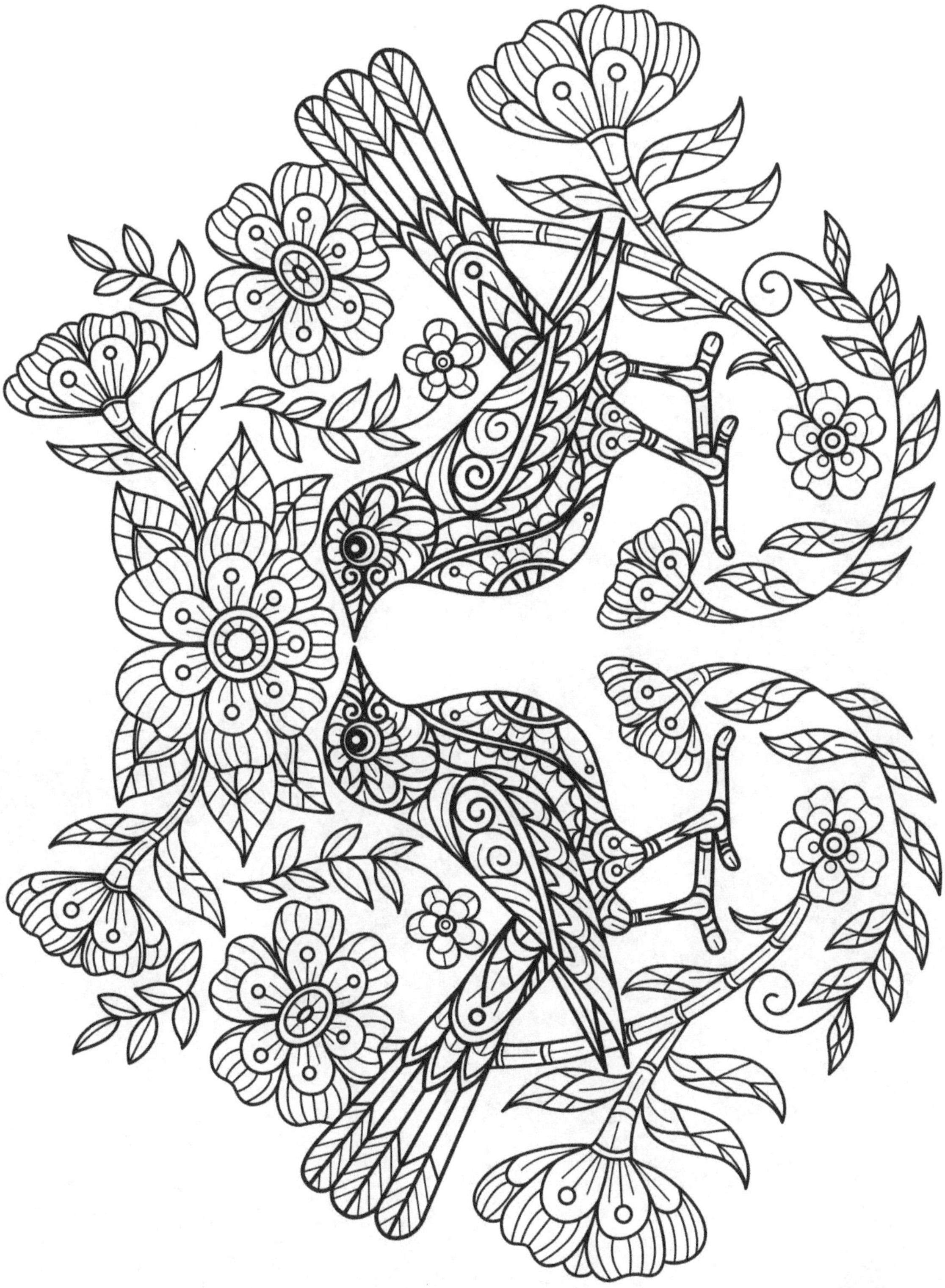

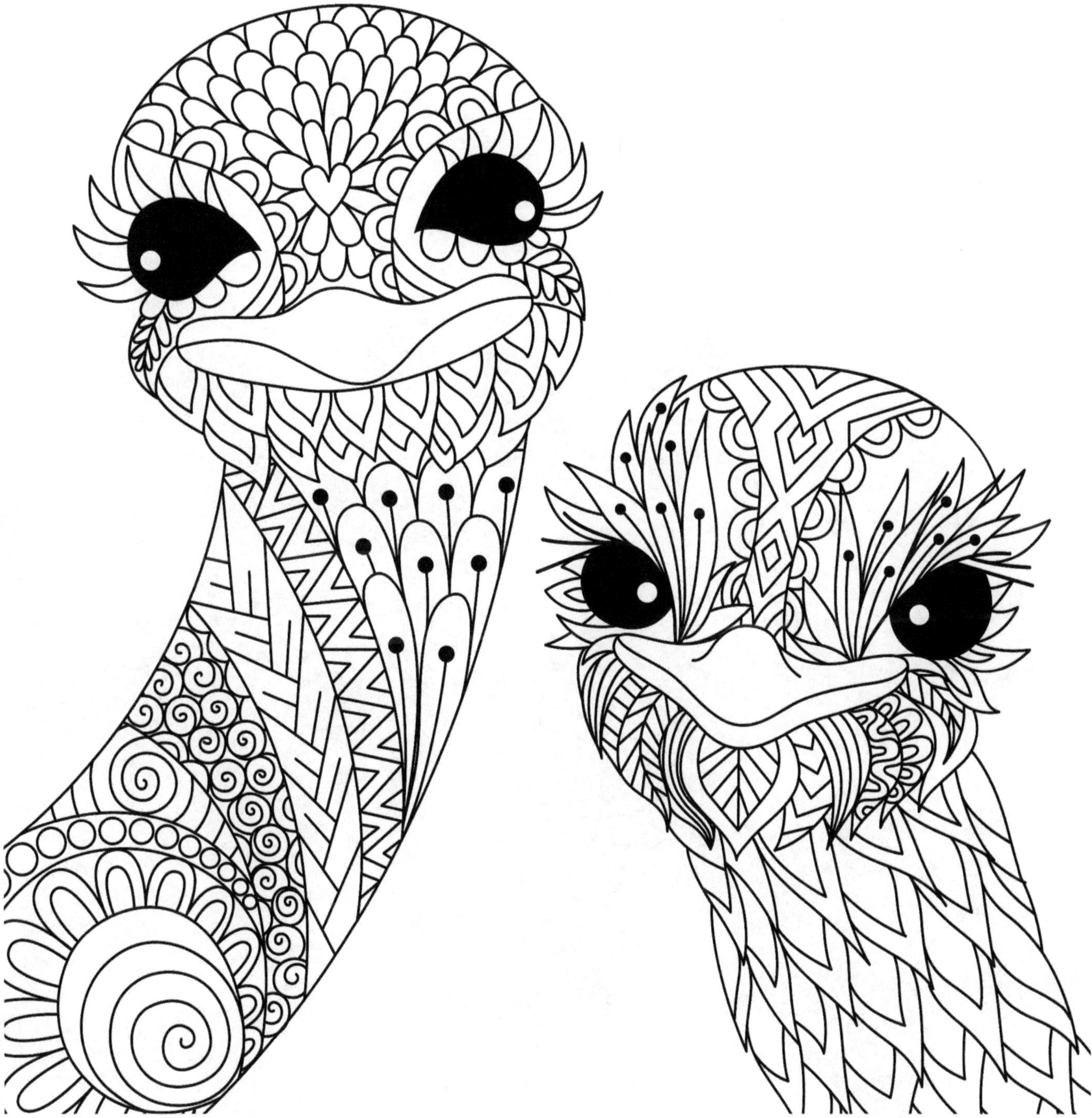

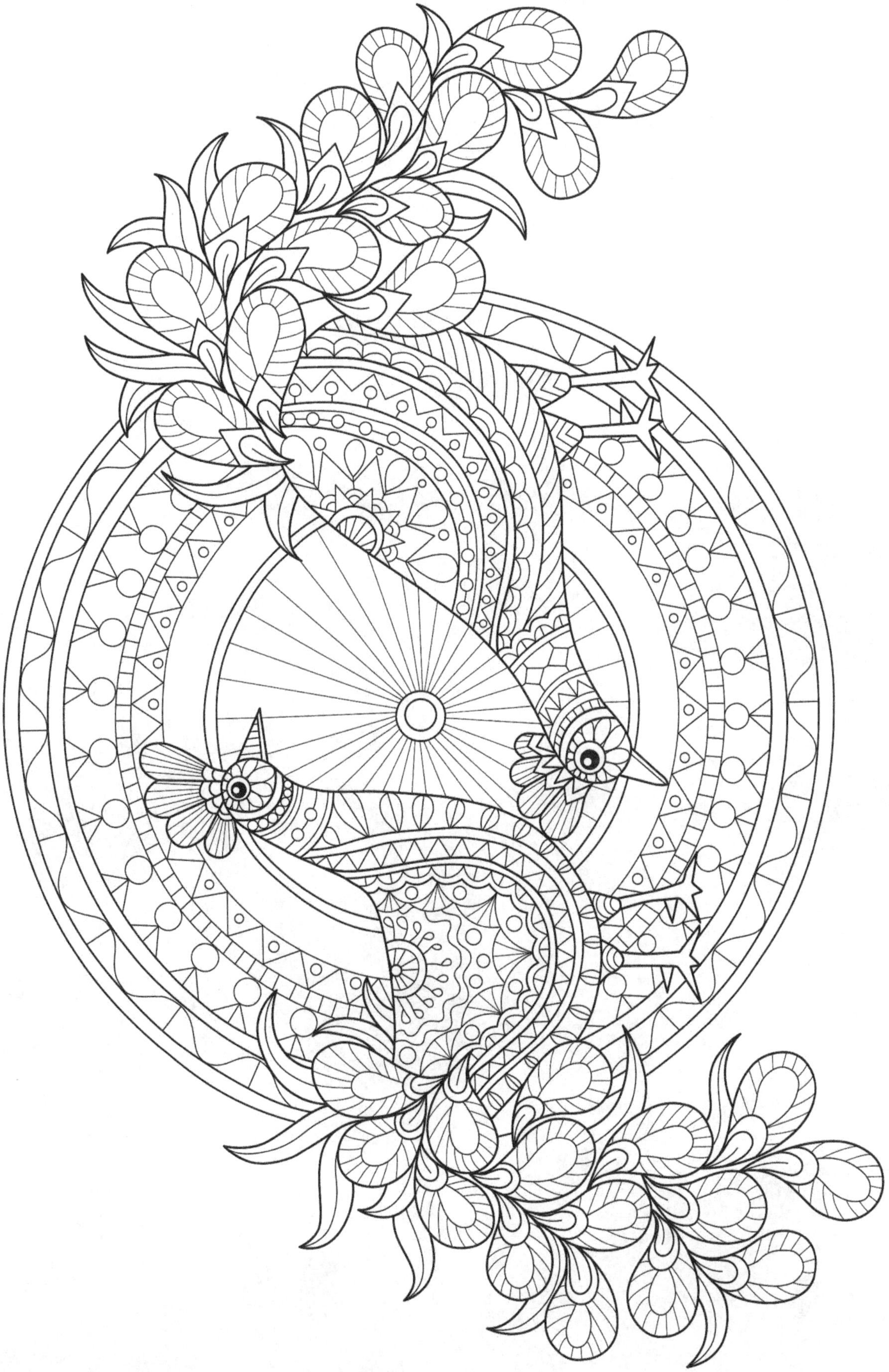

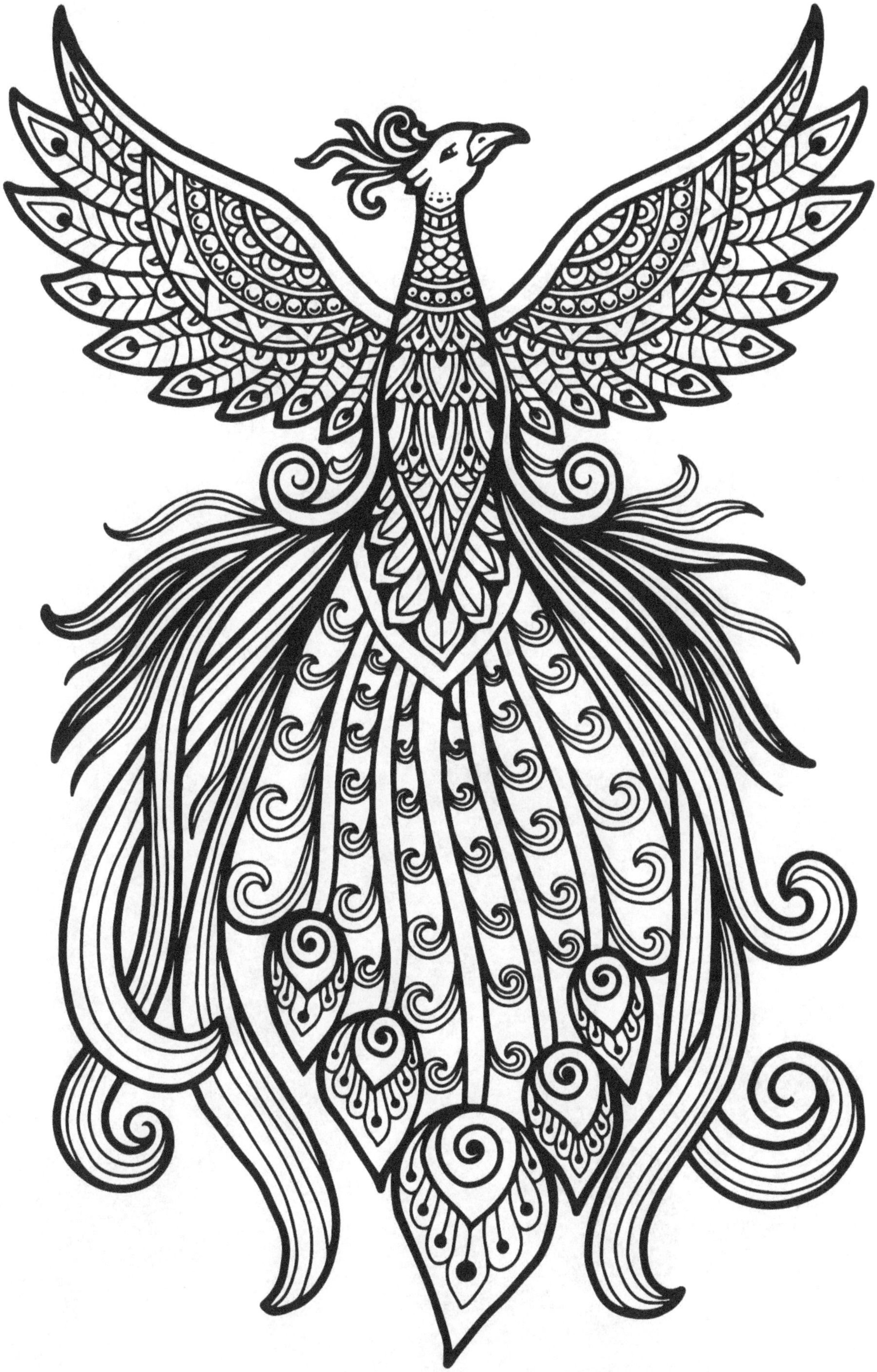

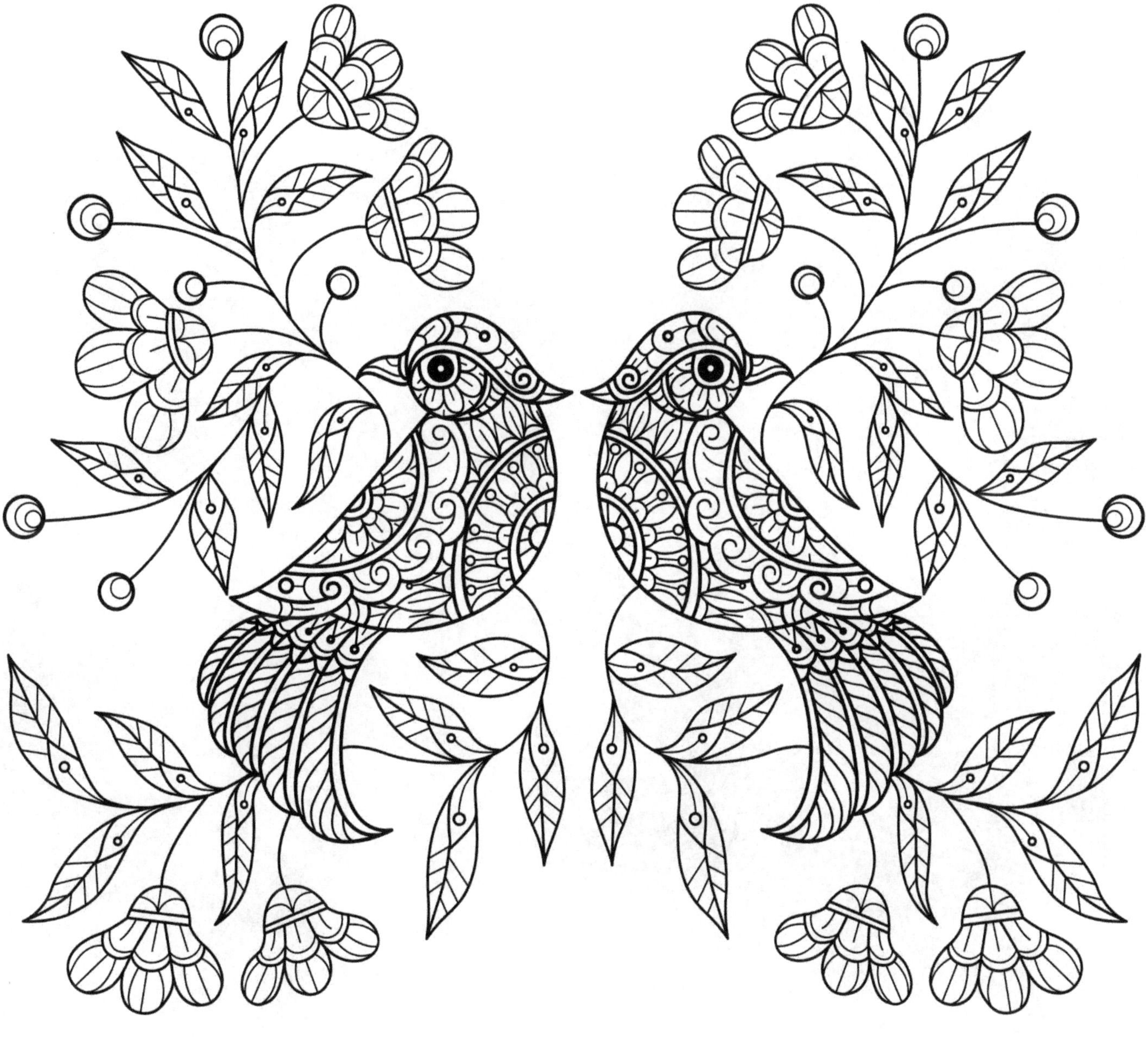

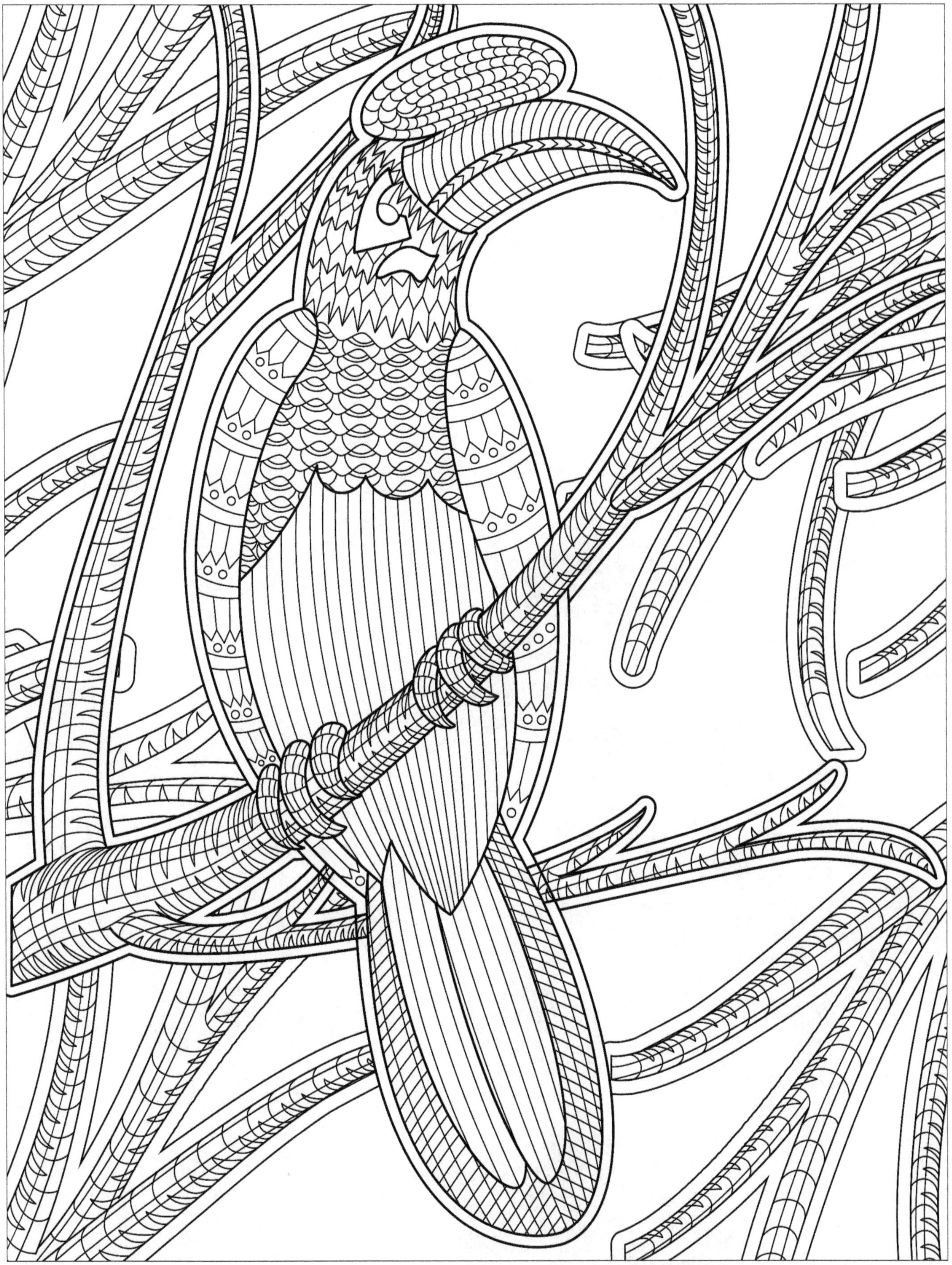

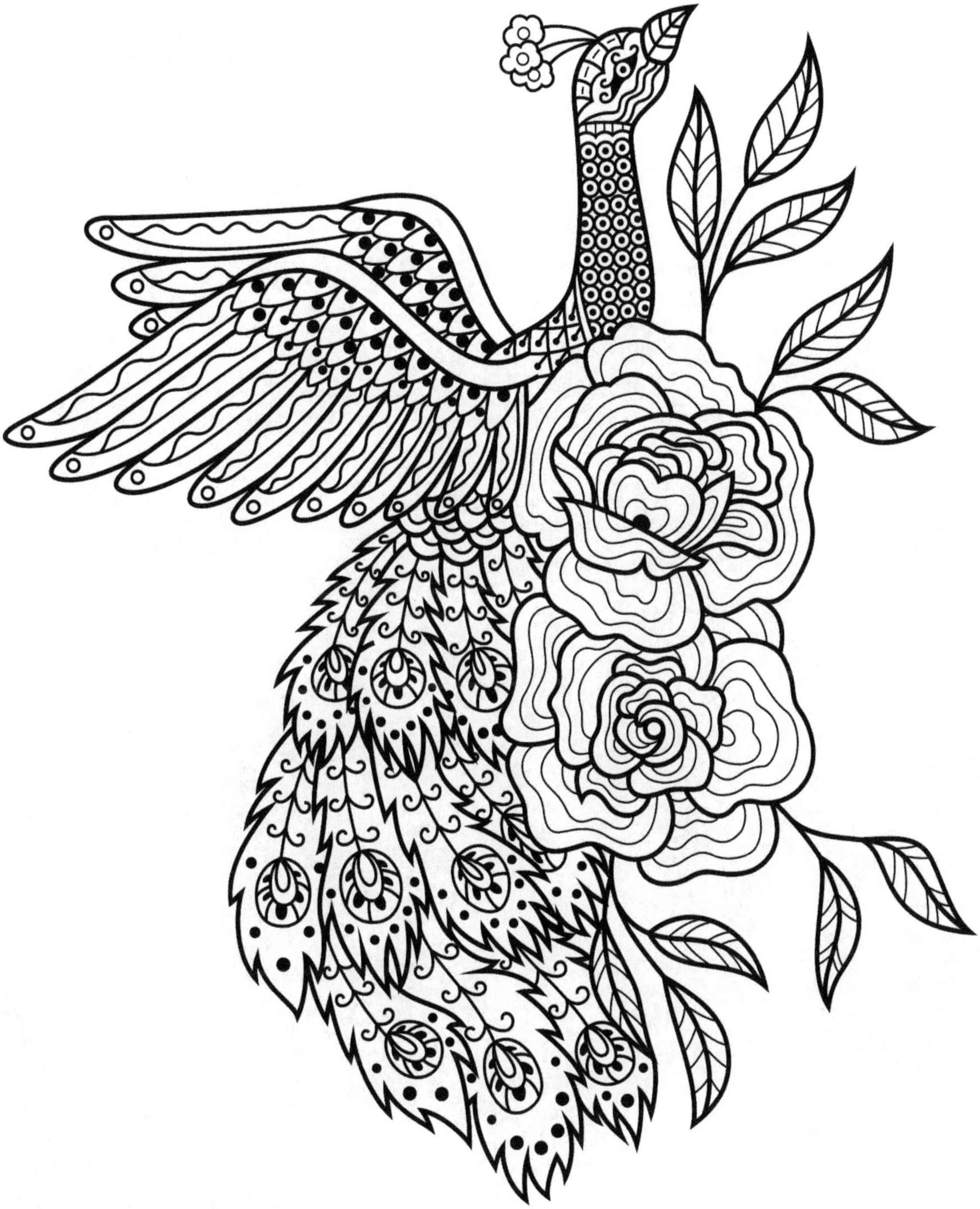

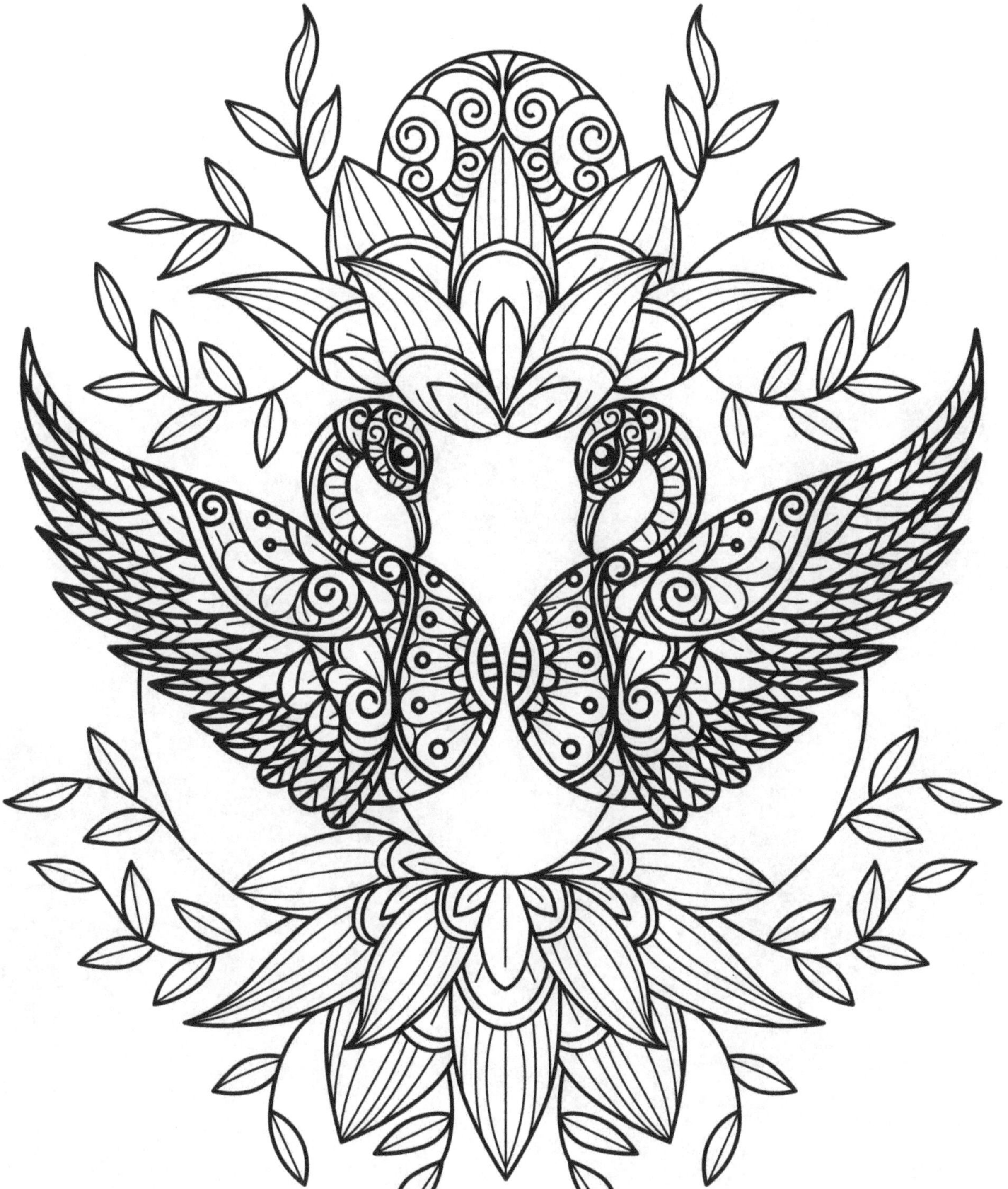

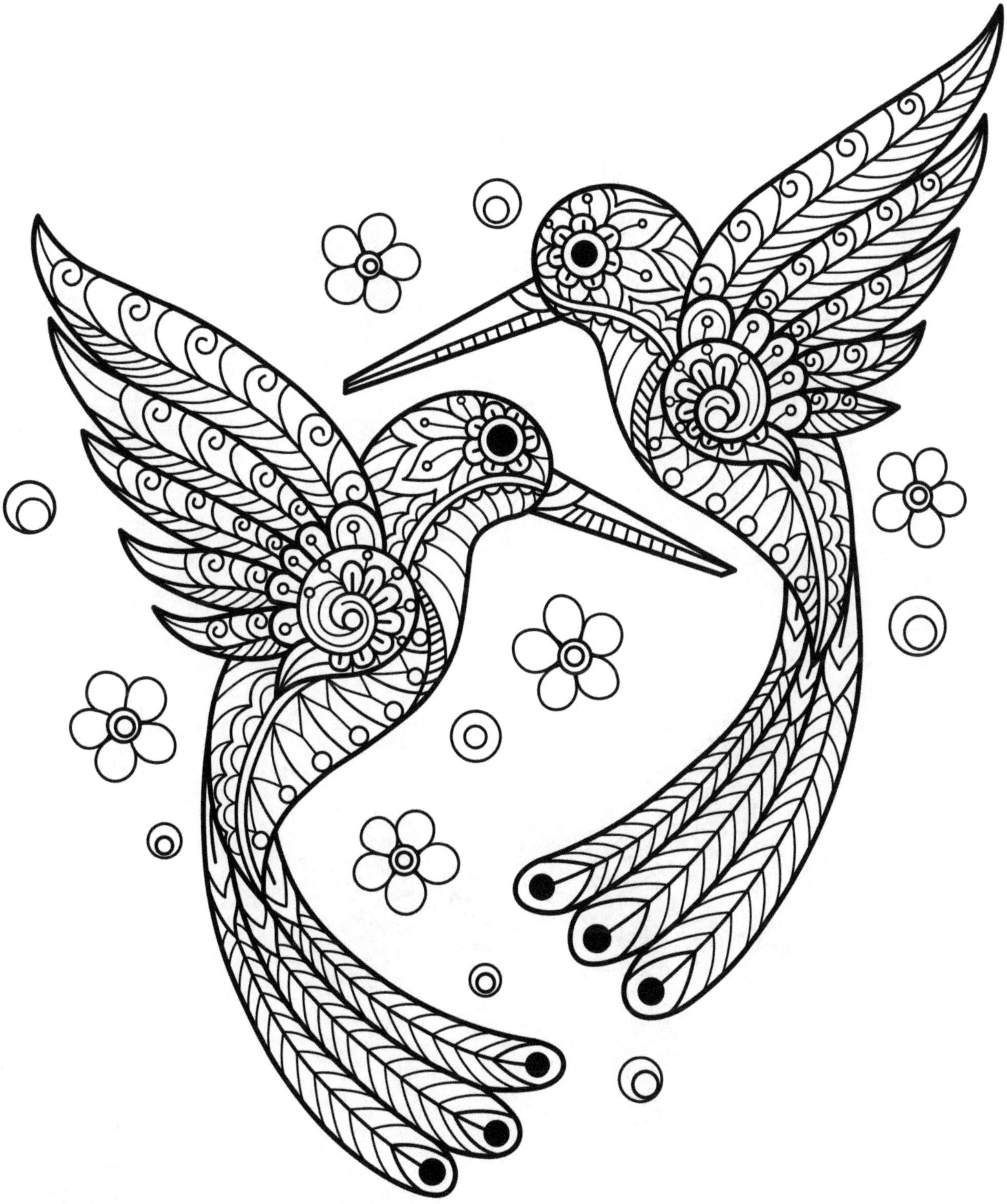

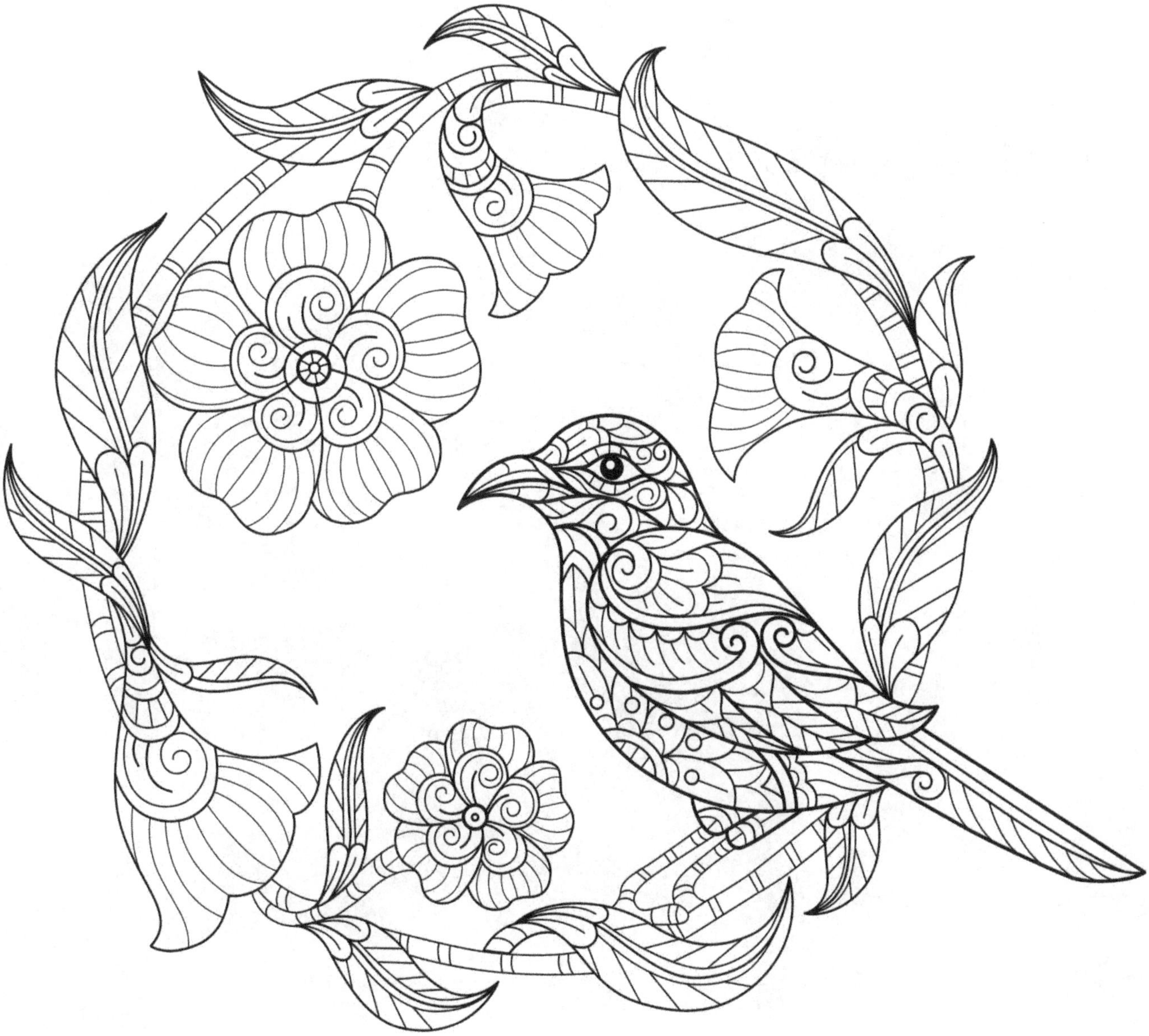

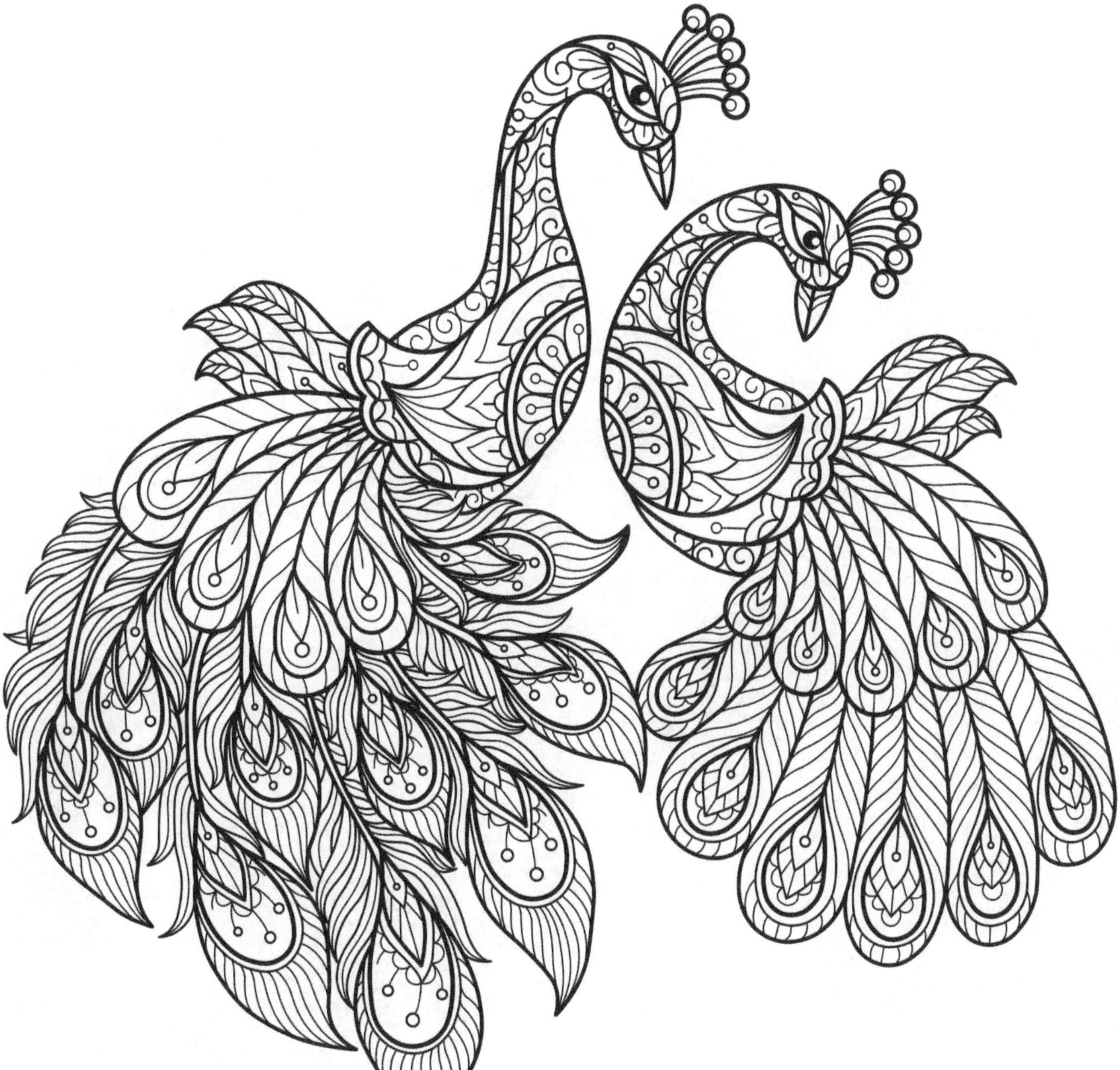

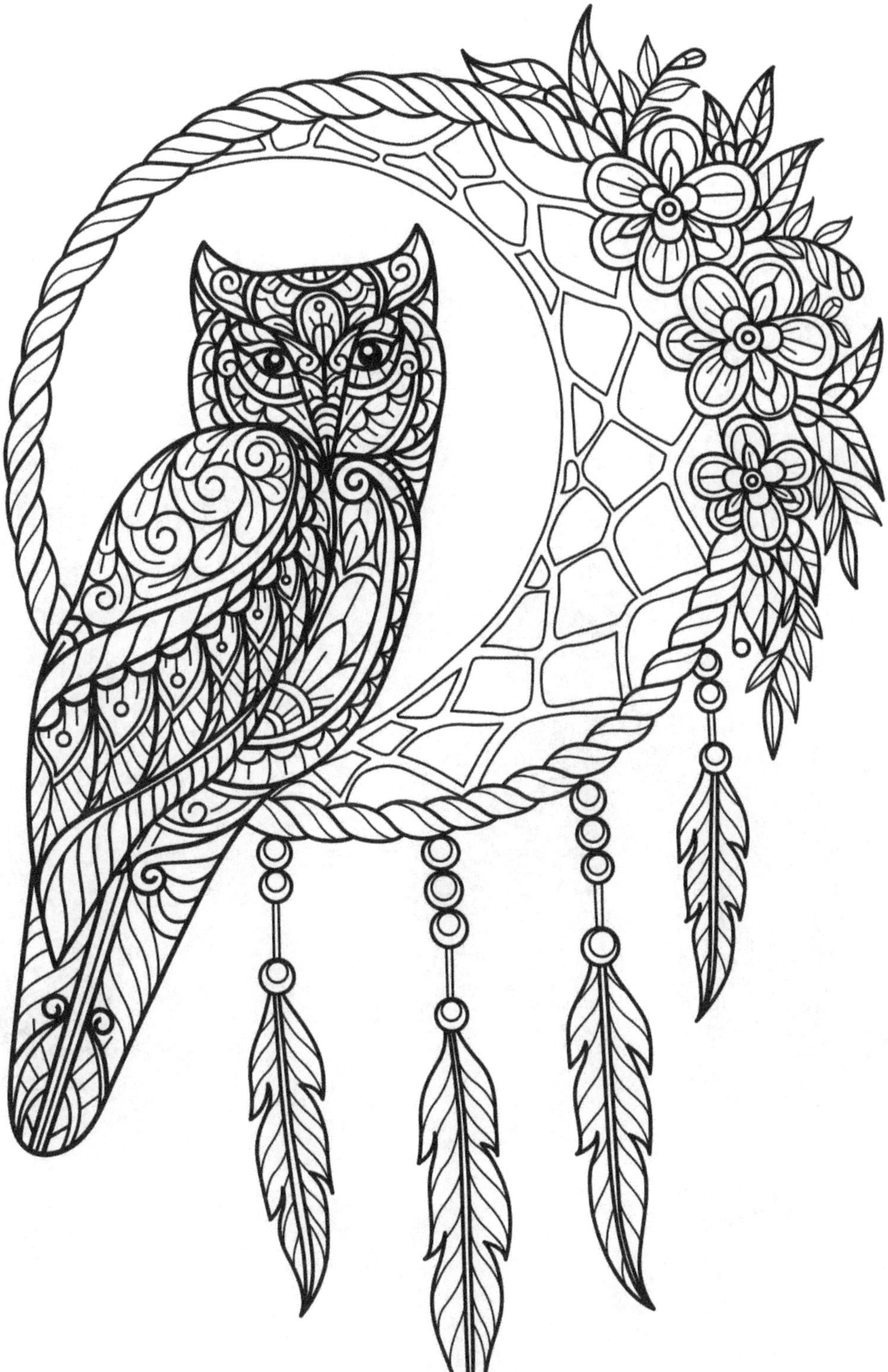

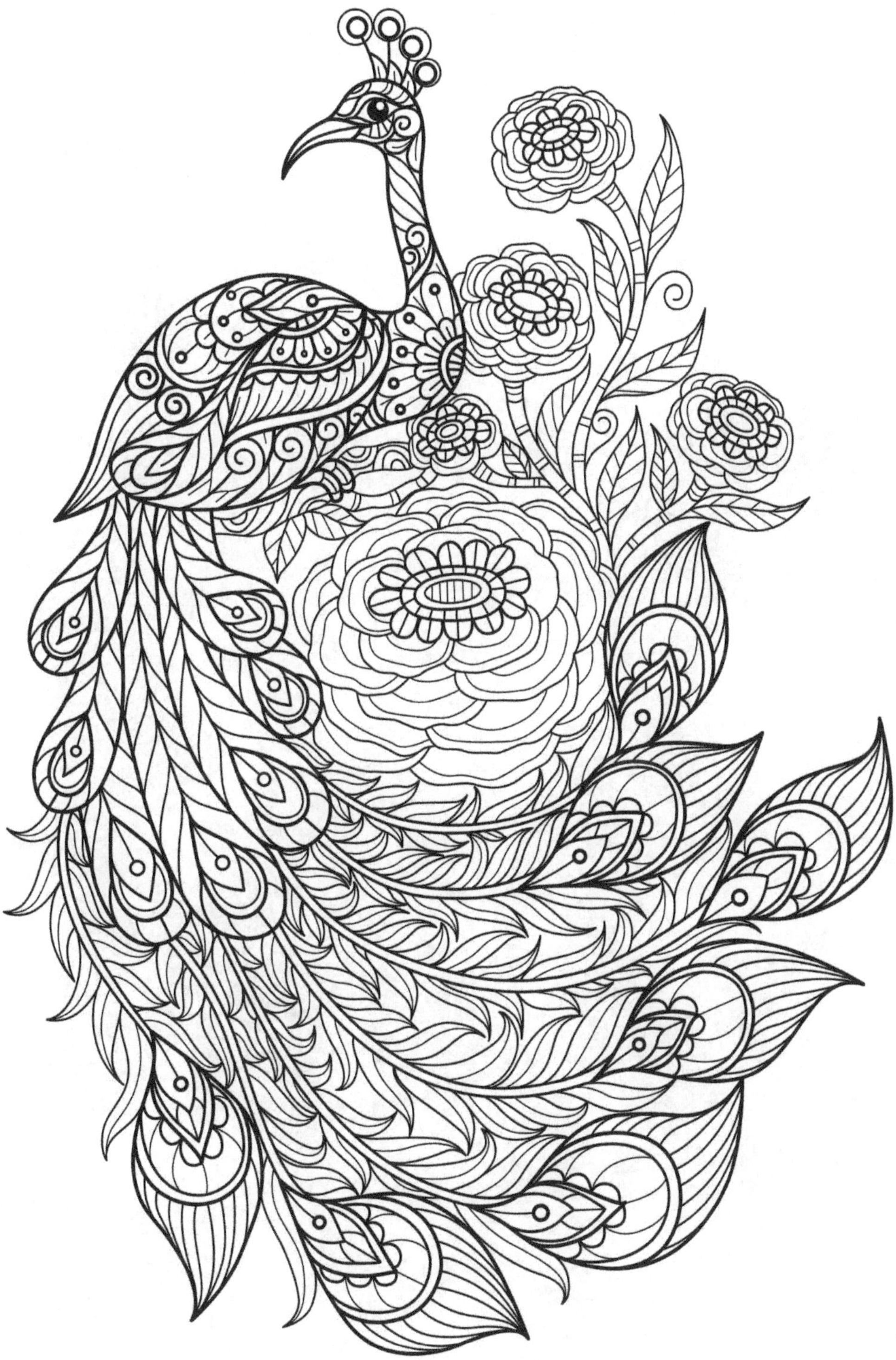

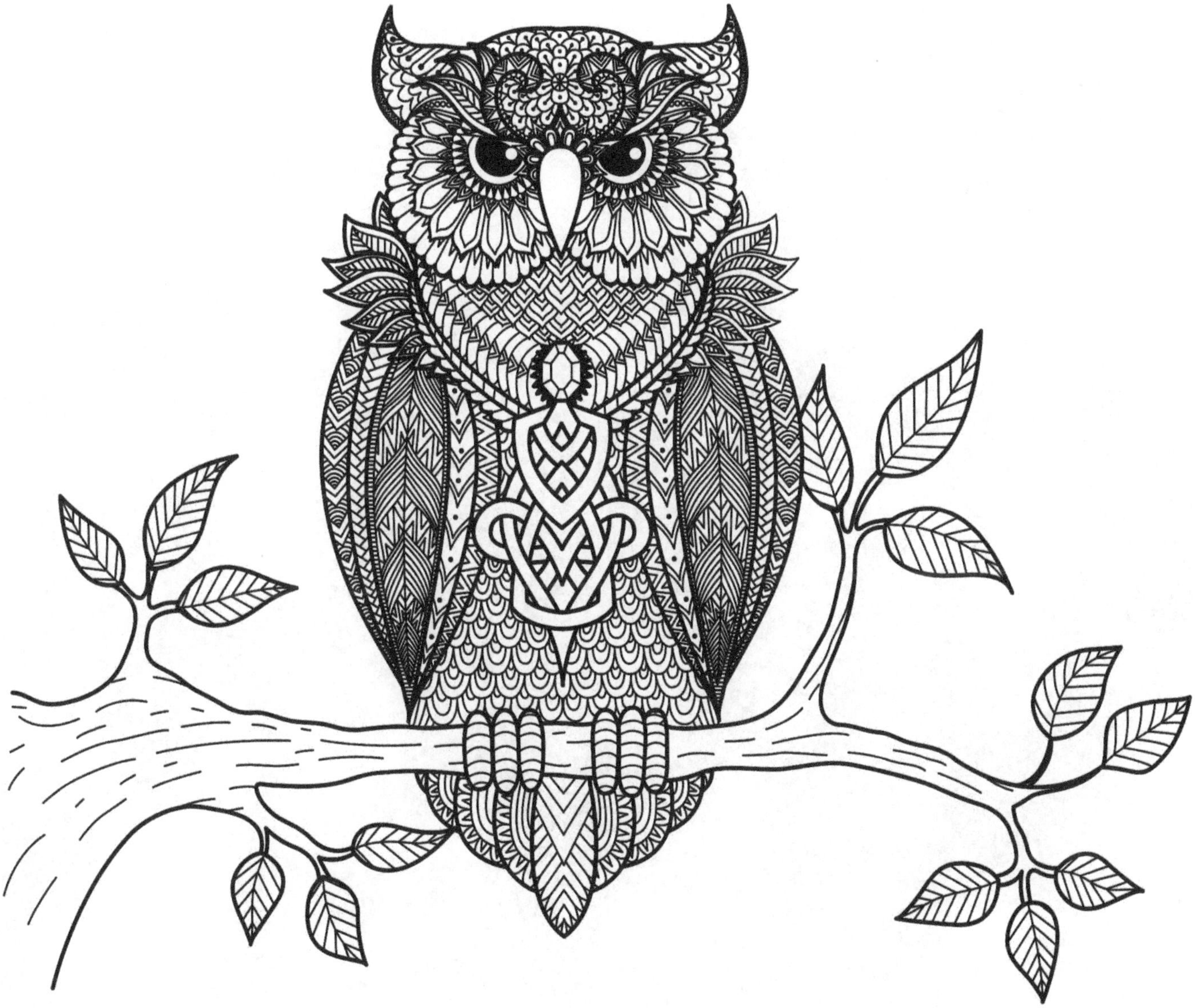

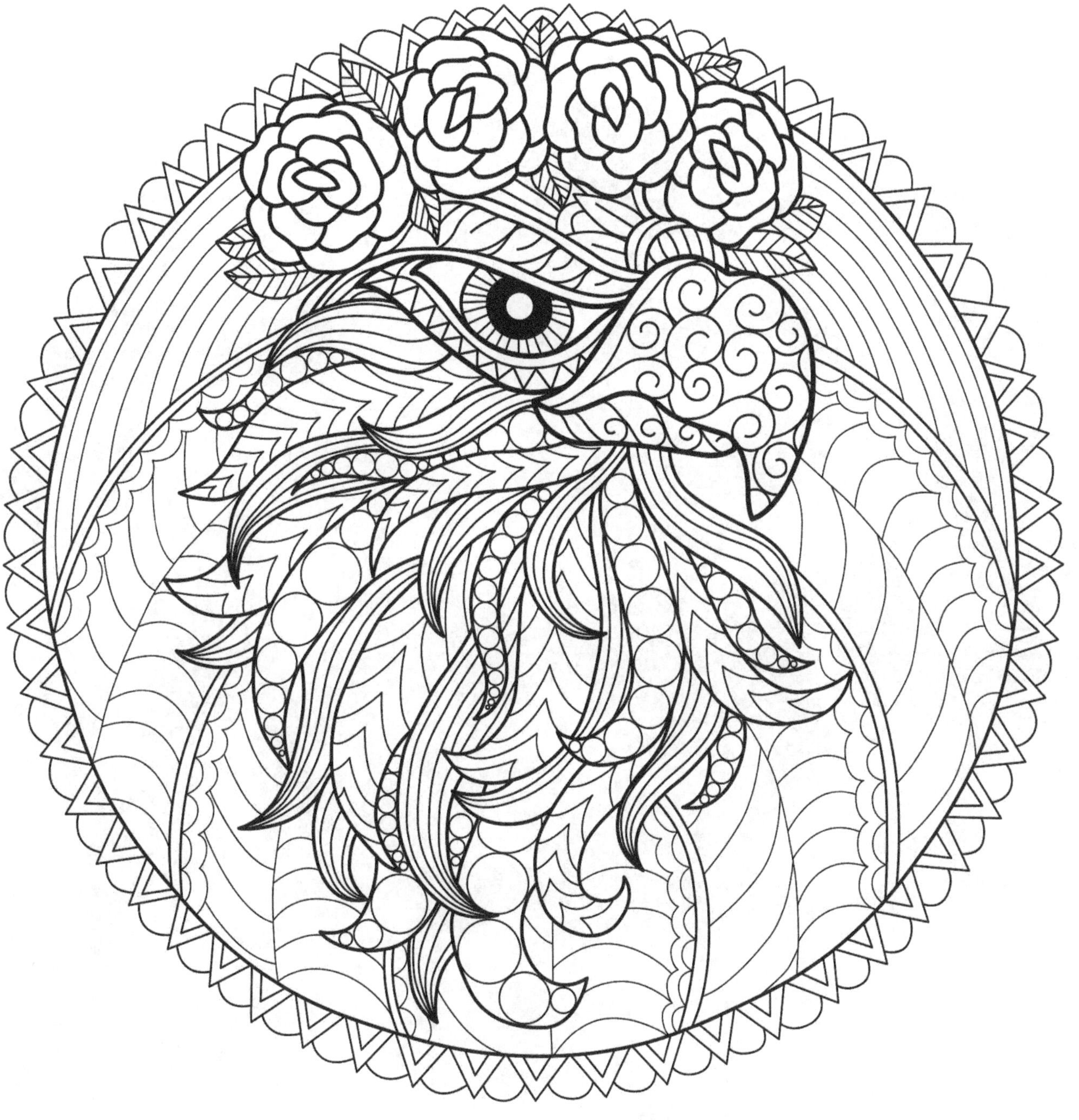

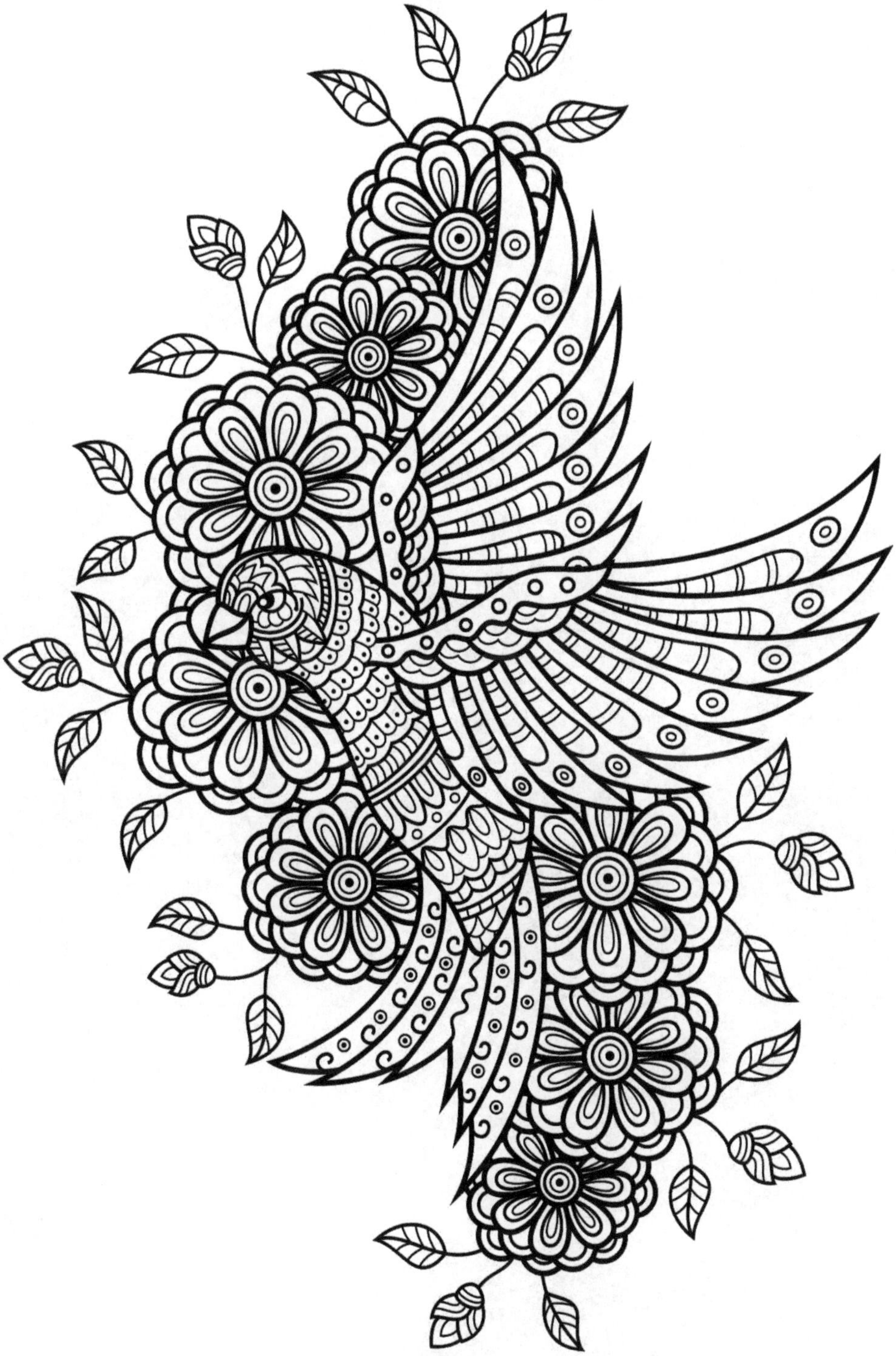

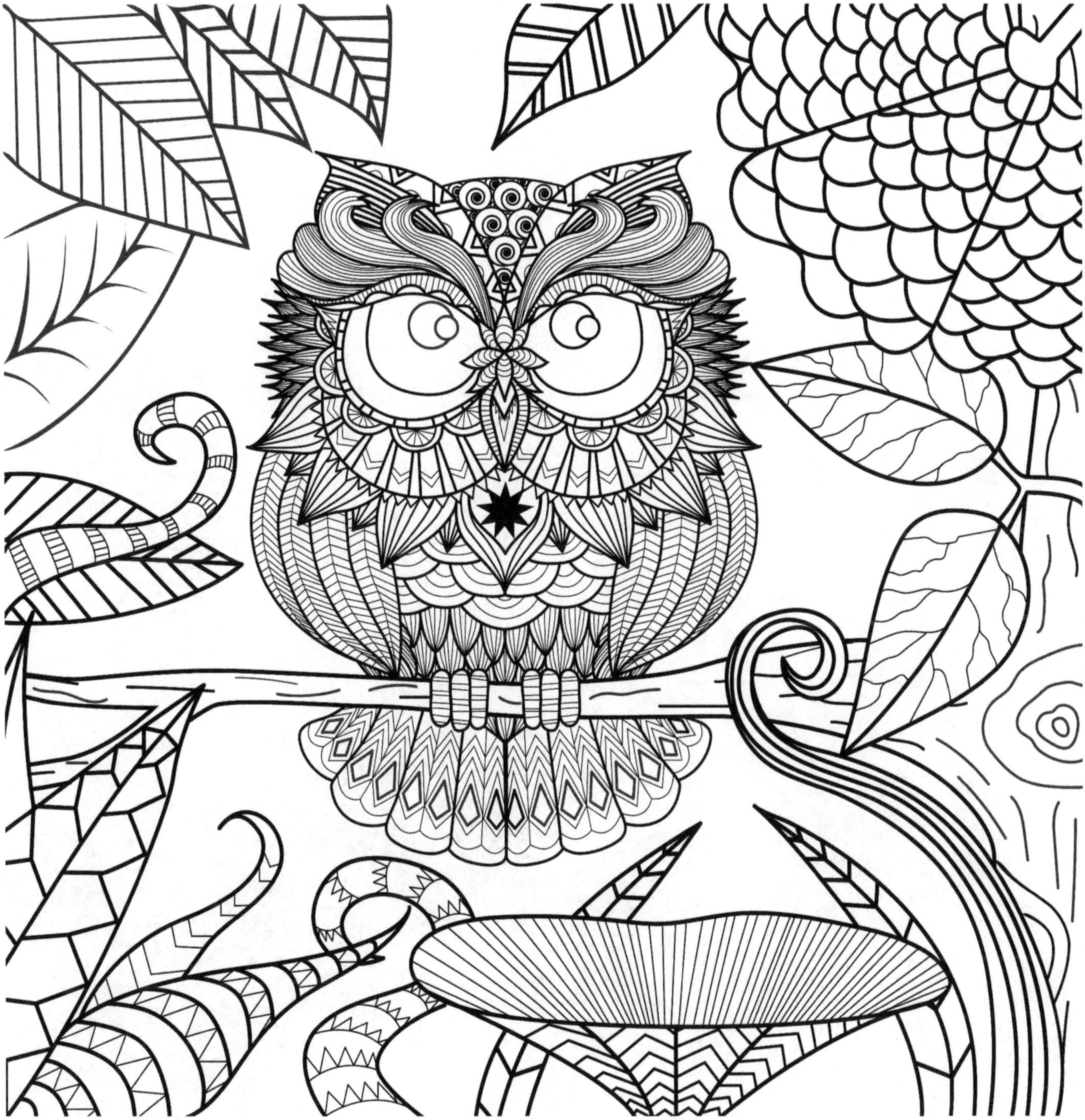

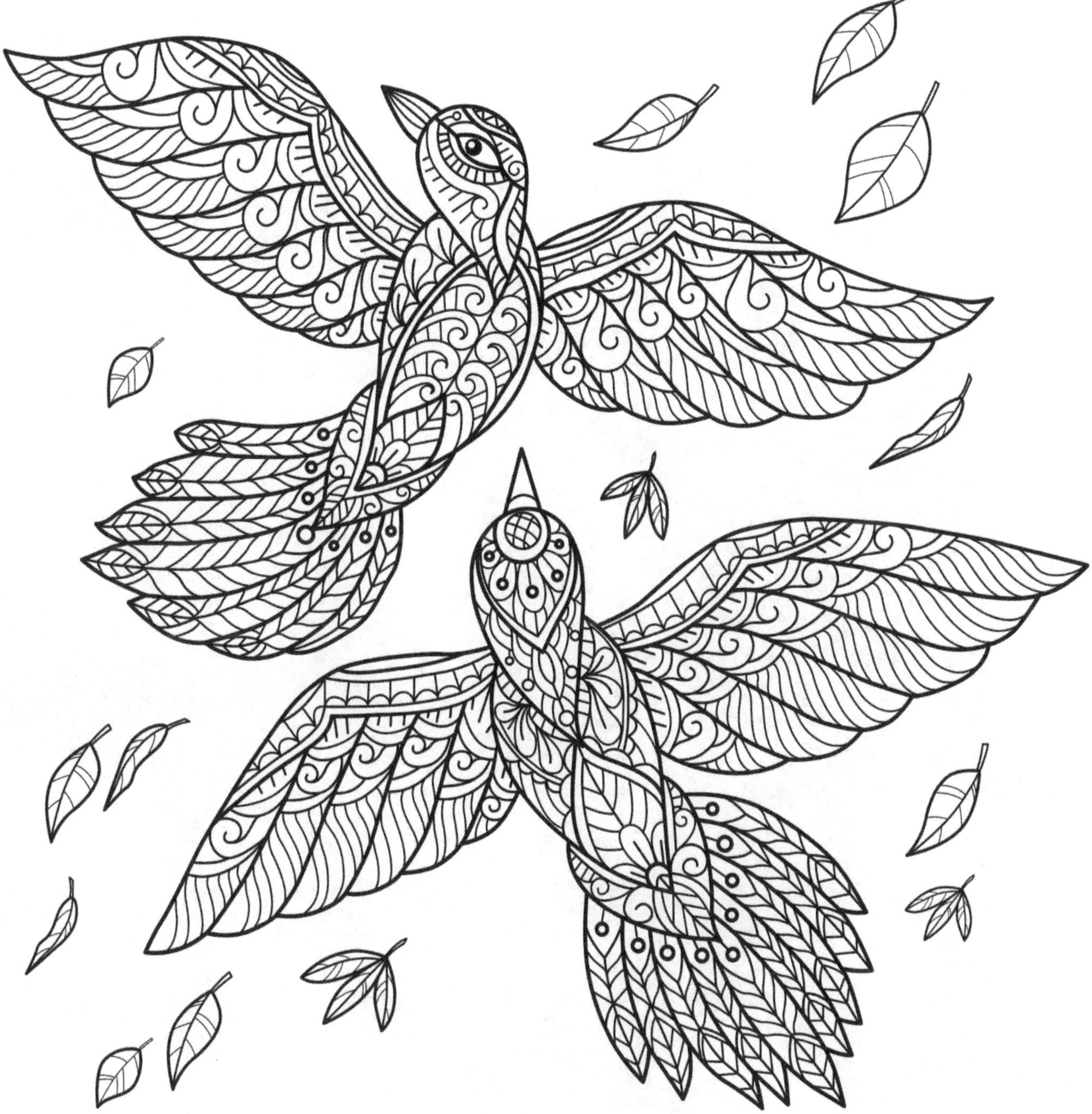

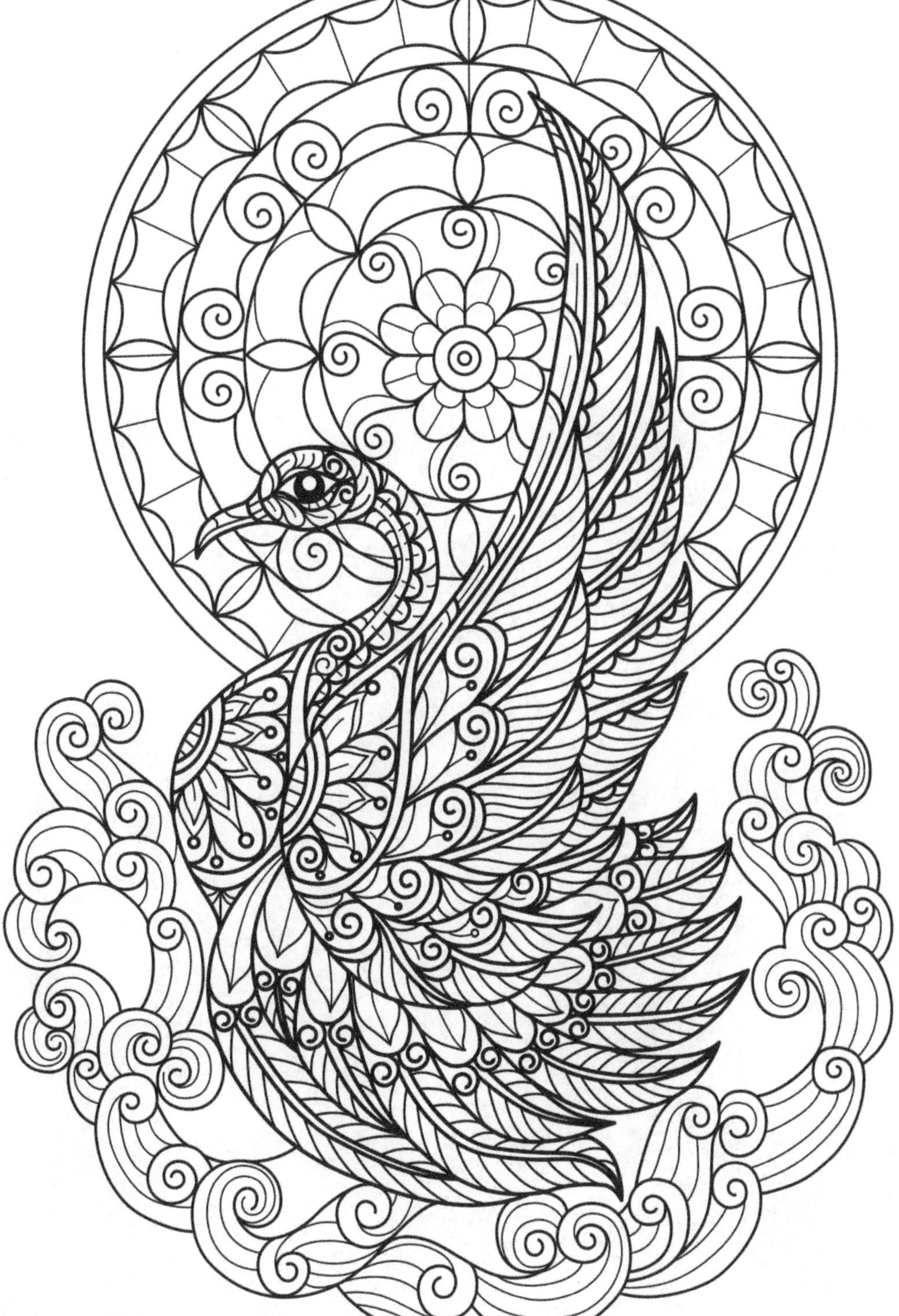

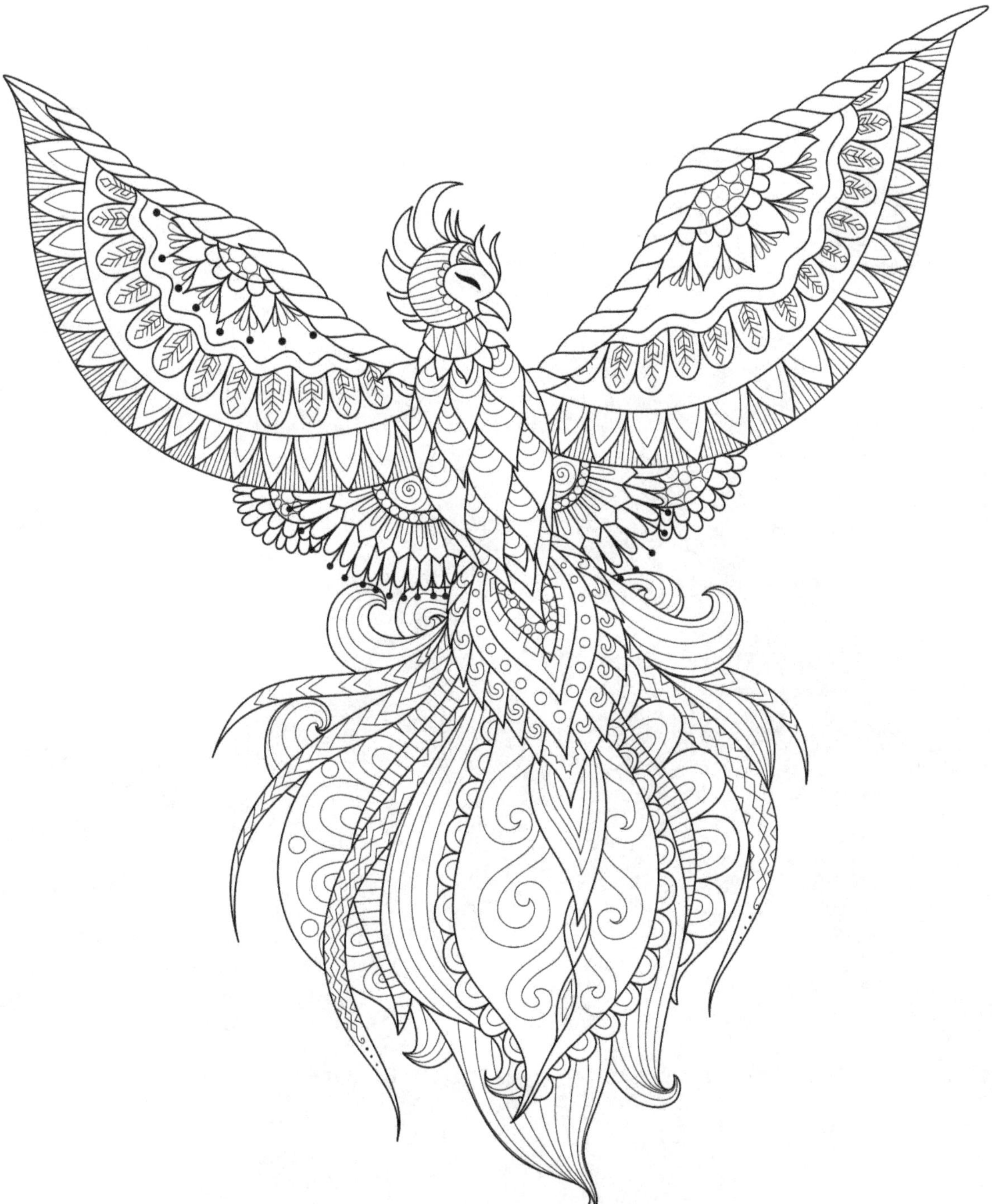

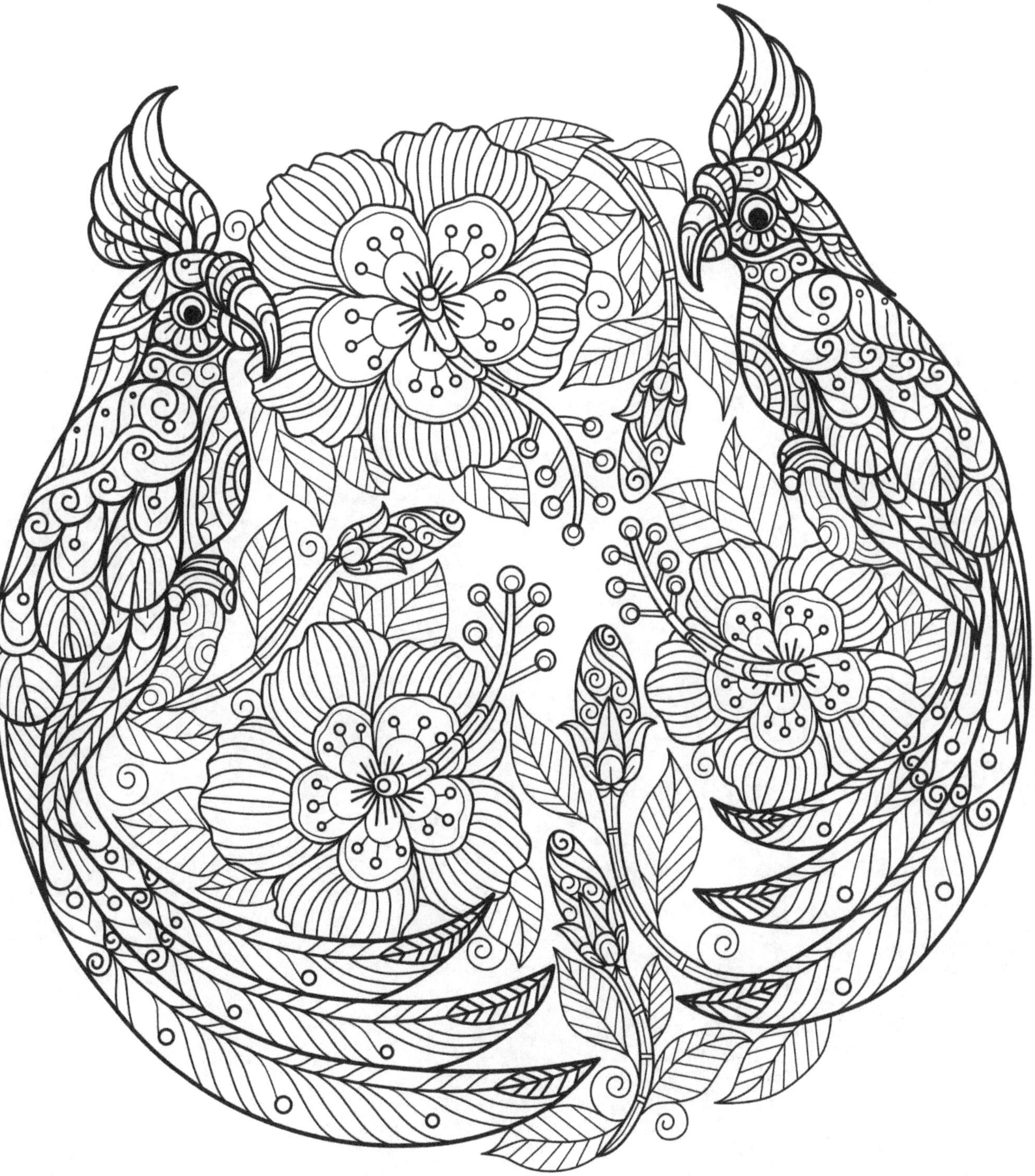

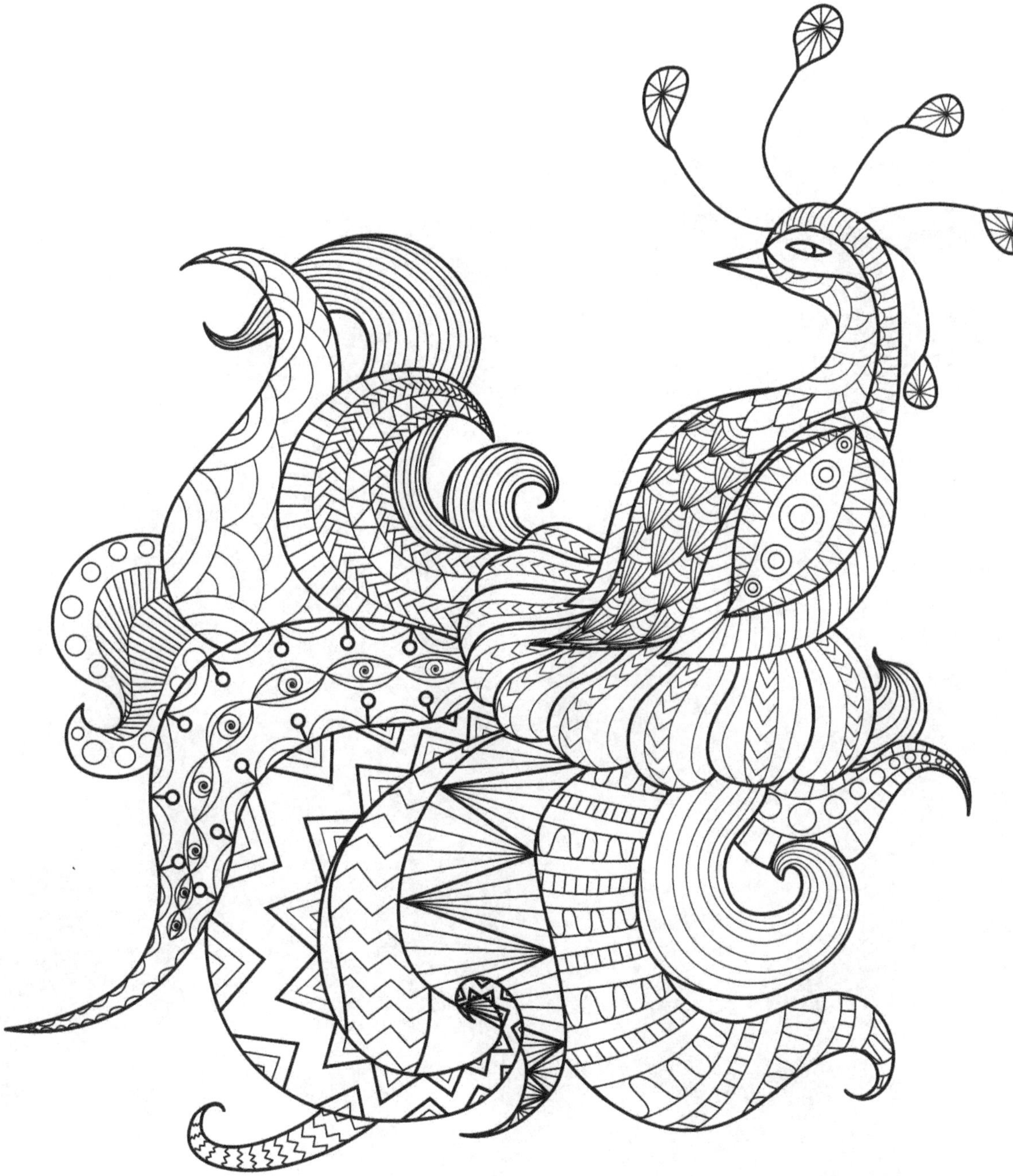

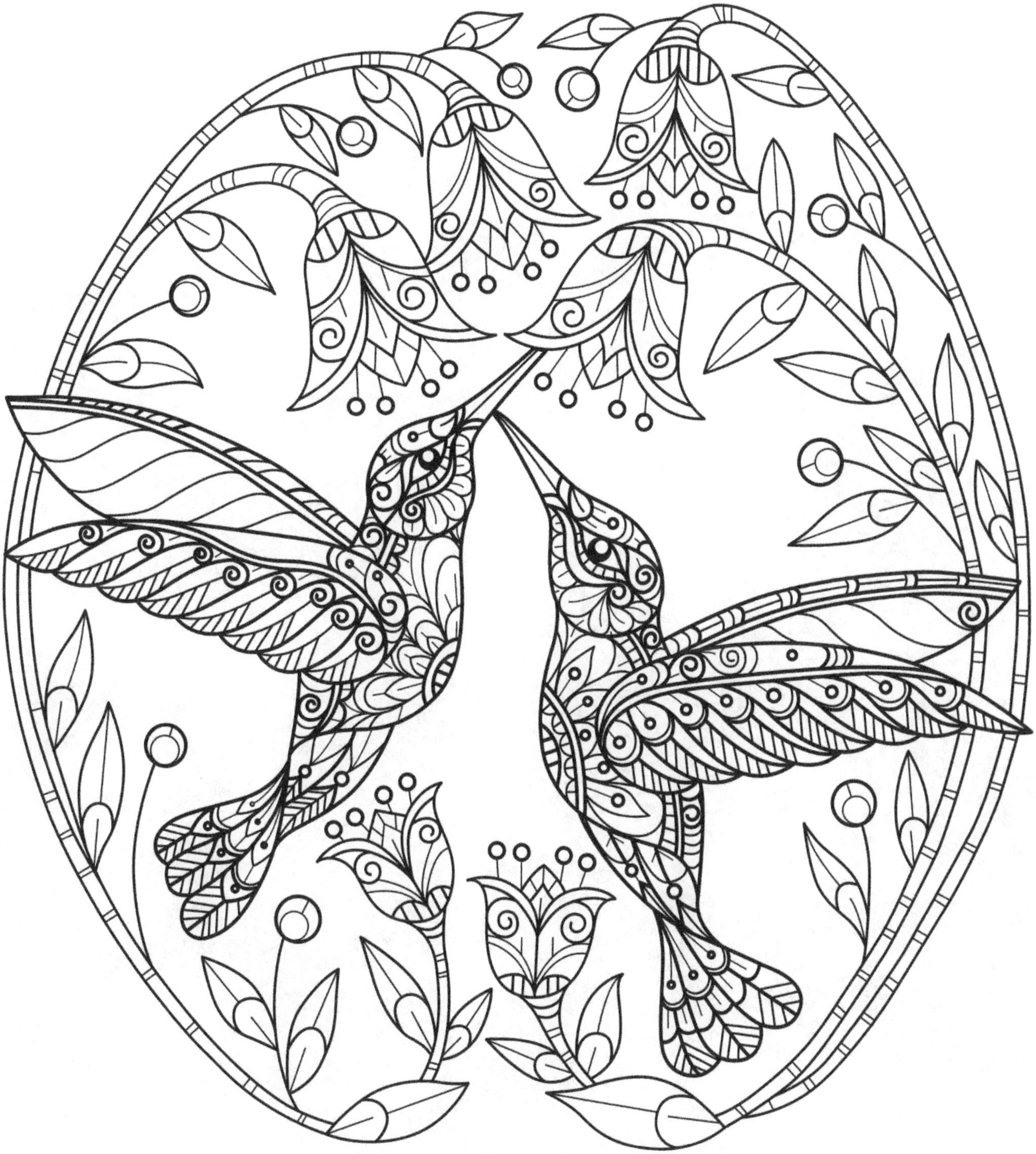

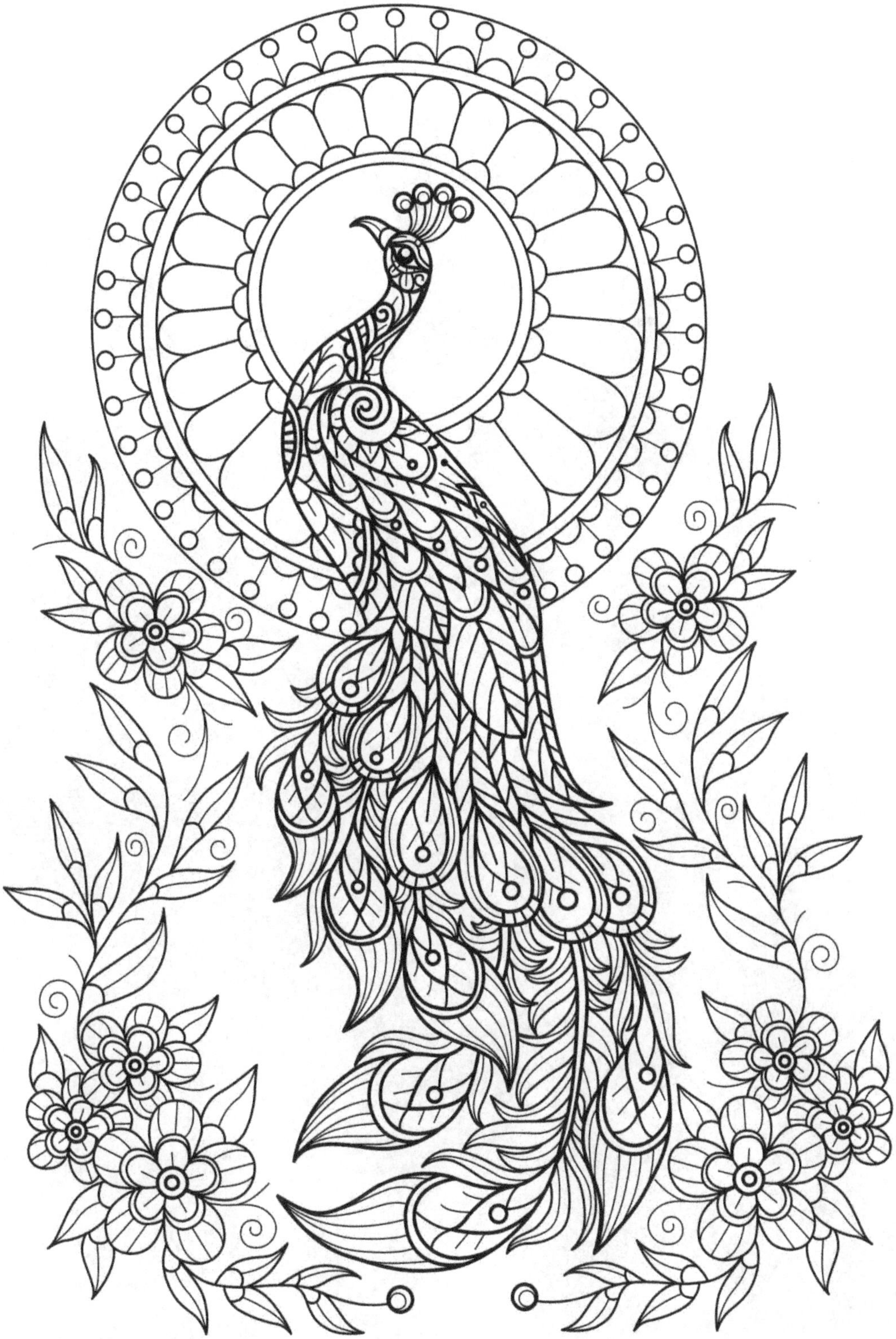

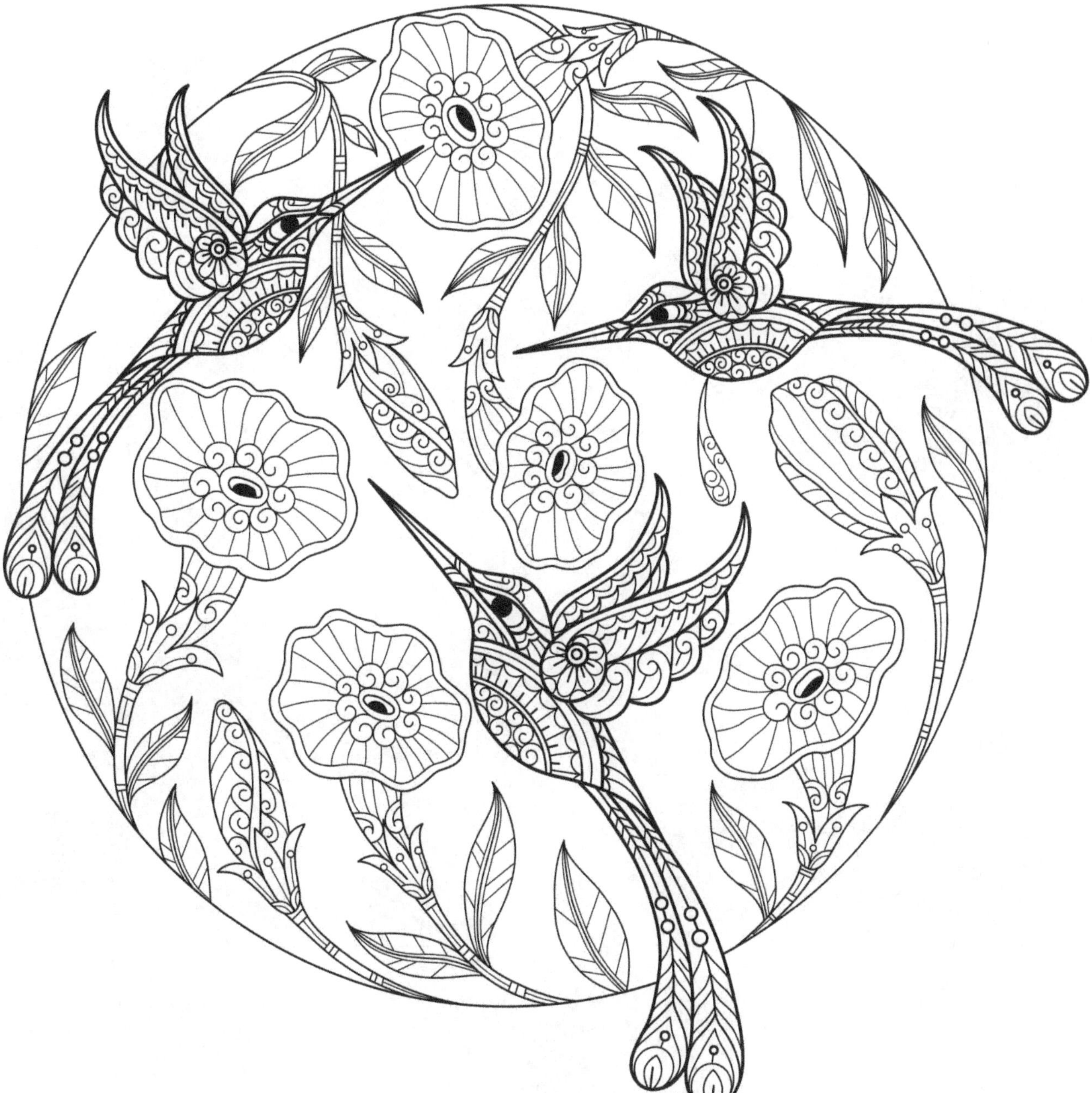

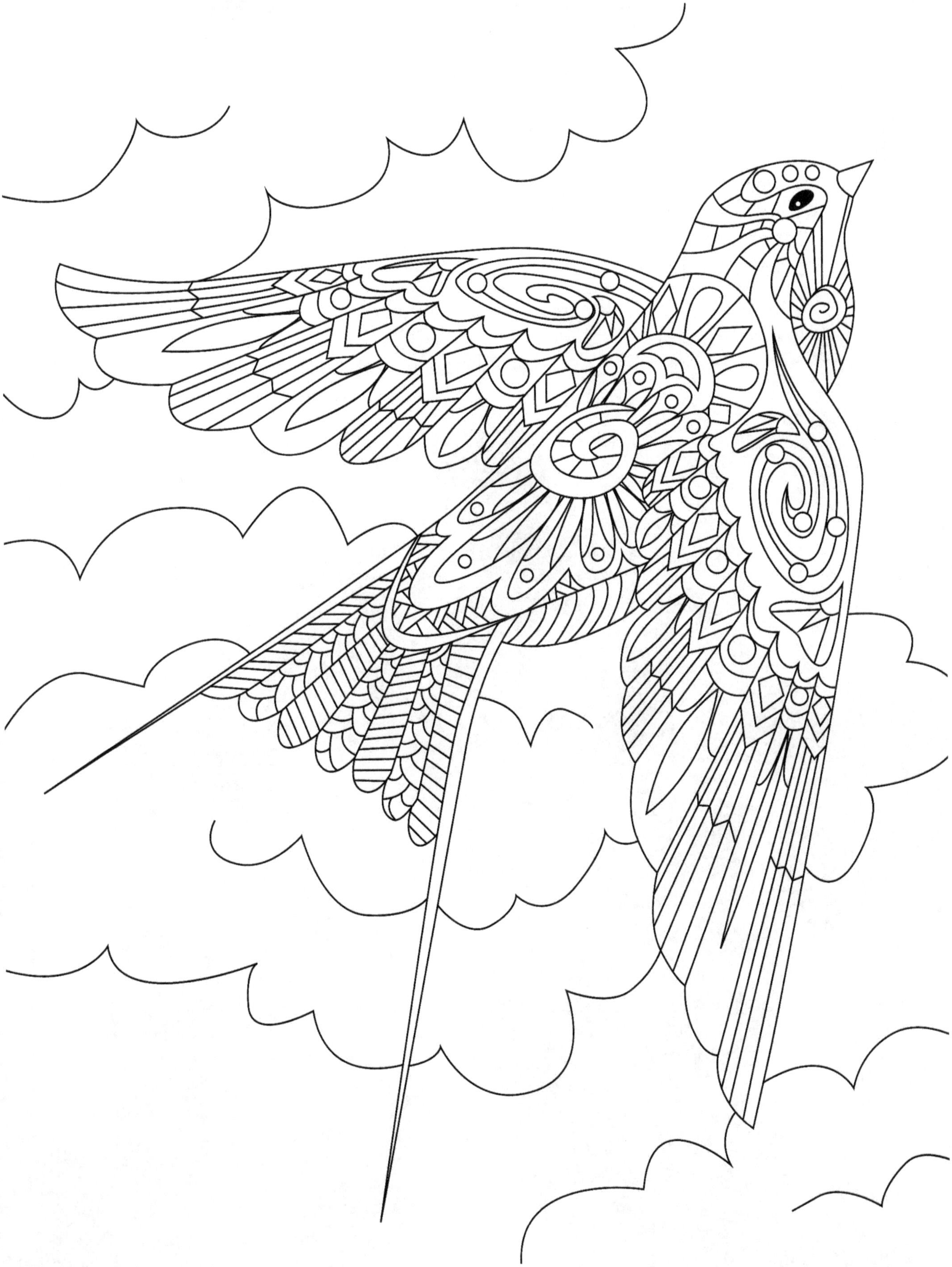

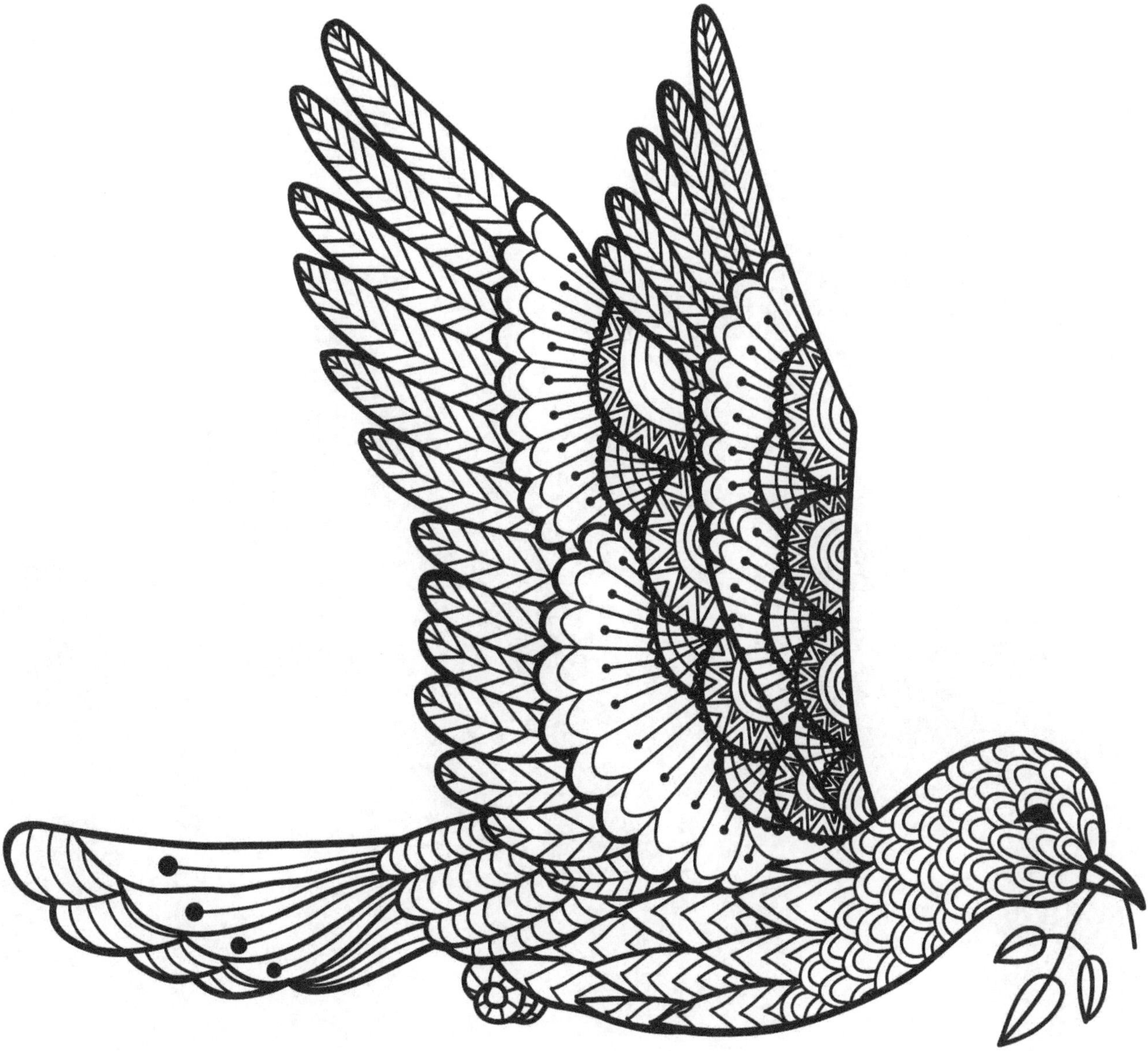

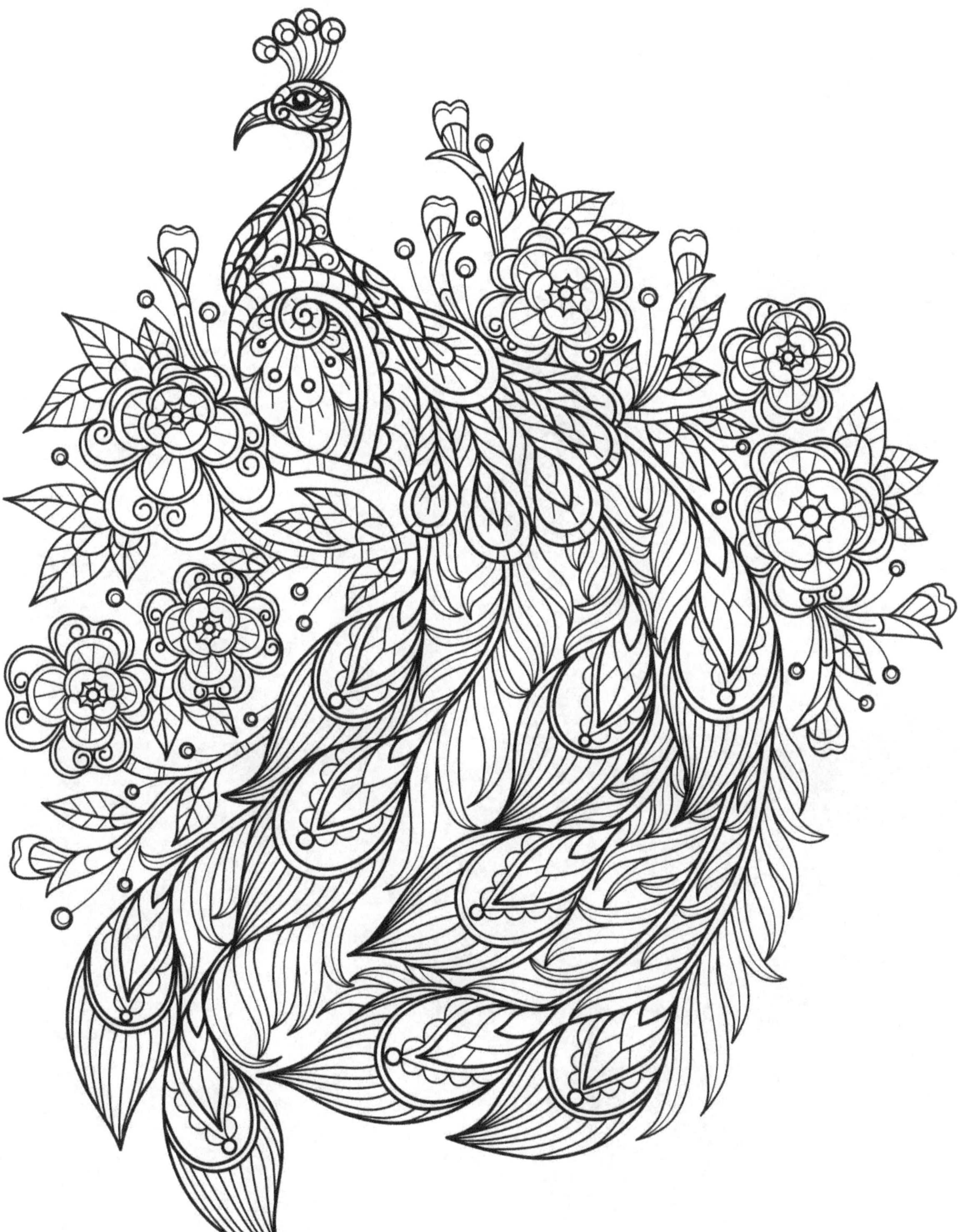

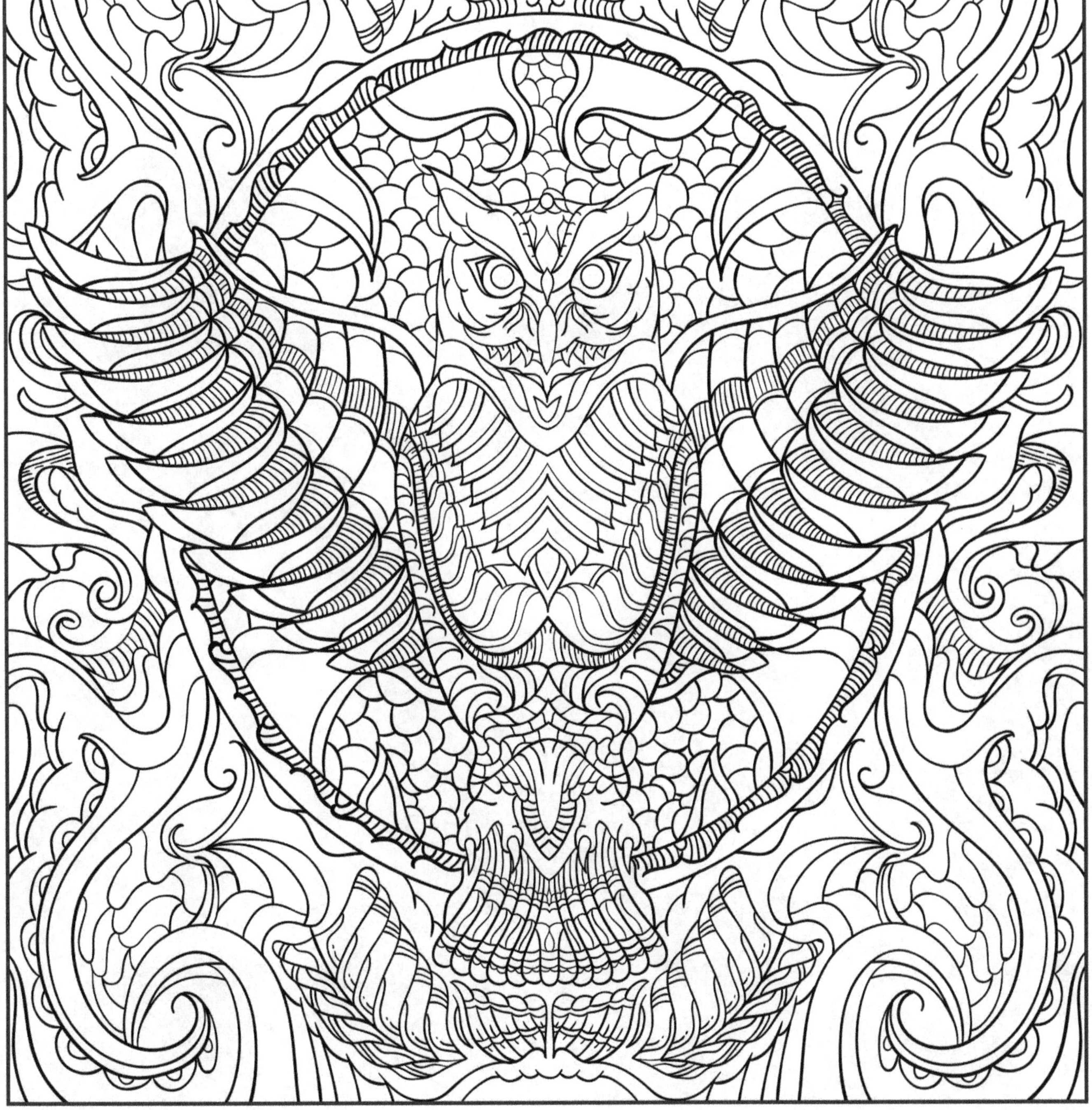

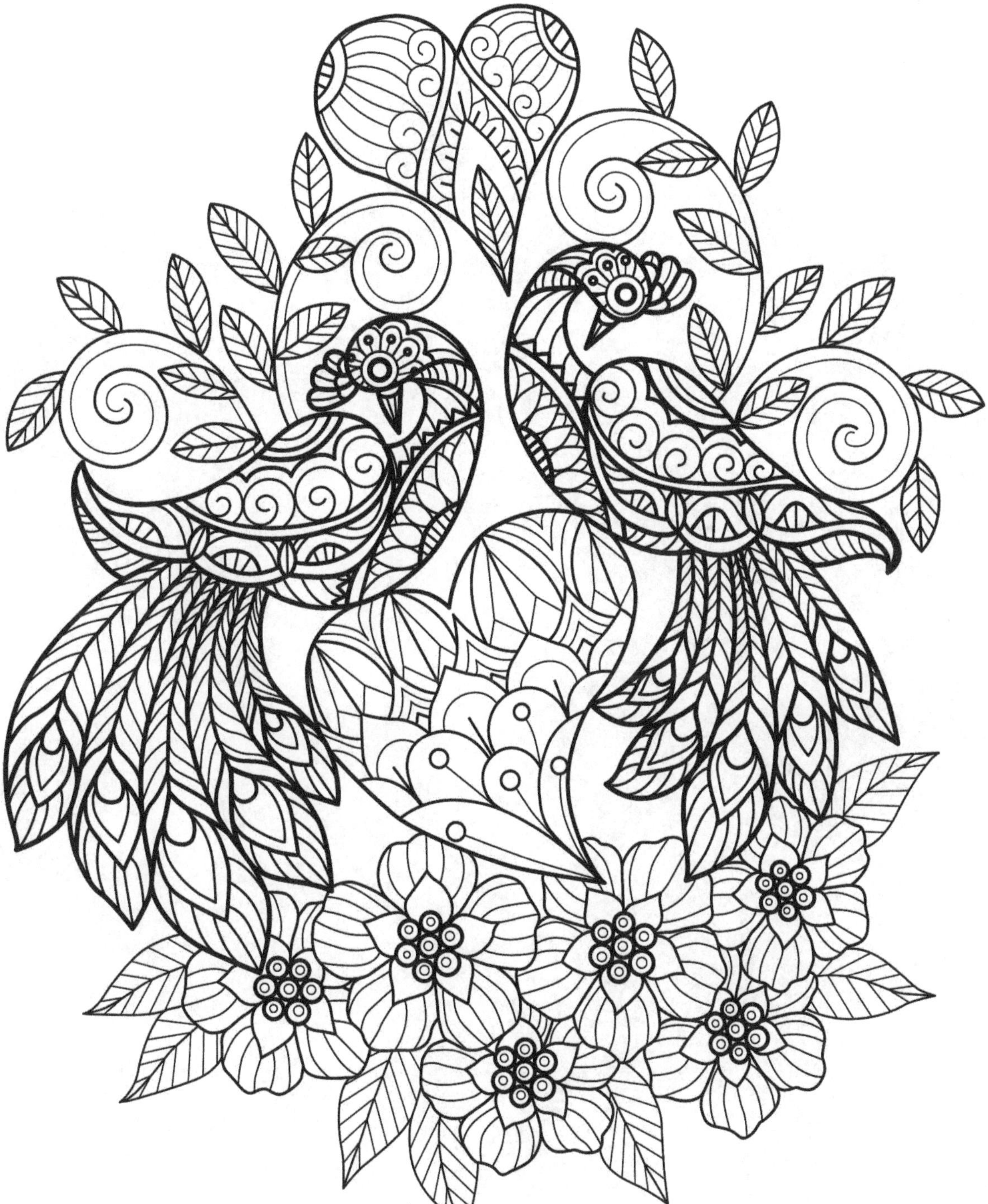

CPSIA information can be obtained
at www.ICGtesting.com
Printed in the USA
LVHW021806250723
753095LV00007B/164

9 798211 098701